후지쯔 성과주의 리포트

지은이 **조 시게유키城繁幸**

1973년 야마구치 현에서 태어났다. 도쿄대학 법학부를 졸업한 후 후지쯔 인사부에 입사했다. 후지쯔의 융성과 몰락을 경험하는 과정에서 성과주의의 여러 가지 문제점, 인사부의 부패를 눈앞에서 보게 된 것이 이 책을 쓰게 된 계기다.

옮긴이 **윤정원**

서강대 영문과를 졸업했고, 일본의 제과회사 국제부에서 일했다. 저서로 『신입사원 진입사원』이 있고, 번역서로 『론 아저씨의 선물』 『실패학의 법칙』 등이 있다.

UCHIGAWA KARA MITA HUJITSU 'SEIKA SHUGI' NO HOKAI
by Shigeyuki Joe
Copyright © 2004 by Shigeyuki Joe.
All rights reserved.
Original Japanese edition published by Kobunsha publishers, Ltd.

This Korean edition is published
by arrangement with Kobunsha publishers, Ltd.,
Tokyo in care of Tuttle-Mori Agency, Inc.,
Tokyo through Literary Agency Yu Ri Jang, Seoul.

이 책의 한국어판 저작권은 유·리·장 에이전시를 통한 저작권자와의 독점계약으로 도서출판 들녘에 있습니다. 저작권법에 의해 한국 내에서 보호받는 저작물이므로 무단전재와 복제를 금합니다.

미국식 성과주의의 모순과 대안

후지쯔 성과주의 리포트

조 시게유키 지음 · 윤정원 옮김

들녘

후지쯔 성과주의 리포트
ⓒ 들녘 2005

초판 1쇄 발행일 · 2005년 10월 14일
초판 4쇄 발행일 · 2009년 5월 11일

지은이 · 조 시게유키
옮긴이 · 윤정원
펴낸이 · 이정원

펴낸곳 · 도서출판 들녘
등록일자 · 1987년 12월 12일
등록번호 · 10-156
주소 · 경기도 파주시 교하읍 문발리 파주출판단지 513-9
전화 · 마케팅 031-955-7374 편집 031-955-7381
팩시밀리 · 031-955-7393
홈페이지 · www.ddd21.co.kr

값은 뒤표지에 있습니다. 잘못된 책은 구입하신 곳에서 바꿔드립니다.
ISBN 89-7527-499-3 (03320)

| 머리말 |

 과거 후지쯔는 매출 1조 엔, 경상 이익 1,000억 엔을 달성했을 당시 전 직원에게 1만 엔의 보너스를 지급했다. 1만 엔이라는 금액도 금액이지만 회사에서 직원에게 감사의 마음을 전한 것이므로 직원들은 감격할 수밖에 없었다.

 그로부터 10여 년 후, 2004년 3월 결산 때 후지쯔는 3년 만에 아슬아슬하게 500억 엔의 흑자를 달성했다. 그러나 이것은 어렵게 만들어낸 숫자였으며, 그 이면에는 소유 주식의 매각과 관리직의 임금 삭감이 있었다. 2004년 1월 22일, 도쿄 시오도매에 있는 후지쯔 본사의 관리직 직원들이 모인 자리에서 구로카와 히로아키 사장은 "위기감을 공유해줬으면 좋겠다"라며 임금 삭감을 발표했다. 그리고 역대 사장들 앞에서 더욱 놀라운 발언을 했다.

 "후지쯔의 비즈니스가 약화된 원인이 도대체 무엇입니까. 원가를 낮춘다, 품질을 향상한다, 납기를 준수한다는 등, 위에서 열심히 한 말들이 아래로 내려가면서 다 무너져버린 거 아닙니까? 고객에 대한 경영의 기본을 무시한 게 아닐까요? 부분 최적화가 성과로 오인된 게 아닐까요? 저는 이것이 후지쯔를 약화시킨 원인이라고 생각하며, 한 사람의 임원으로서 진심으로 반성하고 있습니다."

이 말에 야마모토 다쿠마 명예 회장, 세키자와 다다시 상담역, 아키쿠사 나오유키 회장은 입을 굳게 다물고 있었다.

후지쯔는 1993년 일본의 대기업 중 최초로 '성과주의performance-based pay system'라는 새로운 시스템을 도입했다. 그 자리에 참석한 역대 사장들은 성과주의에 입각하여 후지쯔를 경영해왔다. 구로카와 사장은 그 사람들을 암묵적으로 부정한 것이며, 후지쯔의 성과주의는 그 자리에서 명실 공히 붕괴되었다고 말할 수 있다.

1990년대 말, IT 기업 중심의 경기 호황은 2001년 'IT 거품 붕괴'라는 최악의 상태로 막을 내렸다. 전기 관련 대기업들의 결산을 보면 그 타격이 얼마나 컸는지 알 수 있다. IT 기업의 원조라 불리며 다른 대기업보다 두드러진 성장을 해온 후지쯔도 예외는 아니어서 3,800억 엔을 넘는 거액의 최종 적자를 계상했다. 그후 대기업들은 서로 경쟁하듯이 '구조 개혁과 V자형 회복'을 슬로건으로 내세우며 대규모 구조조정에 나섰다. 채산이 맞지 않는 부서를 축소하고 부문 매각이나 조기 퇴직 등을 통해 각 기업마다 1만 명이 넘는 인원을 줄였다. 이런 구조조정을 통해 고정비용 삭감에 성공한 기업들은 2002년에 경영 실적을 급격히 회복했다. 3,000억 엔이 넘는 적자를 거의 일소시킨 마쓰시타 전기나 NEC 등은 그야말로 'V자형 회복'이라는 말이 어울리는 성과를 올렸다.

그러나 이중에서 단 한 곳, 2년 연속 1,000억 엔이 넘는 최종 적자를 낸 기업이 있었으니 다름 아닌 후지쯔였다. 가장 성장률이 높은 '솔루션 비즈니스solution business'에 있어서 일본 최고의 수주 금액을 자랑했던 후지쯔의 비정상적인 저조함을 시장에서도 기이한 눈으로 바라보았다.

후지쯔는 2년 연속 적자뿐 아니라, 과거의 이익 축적을 나타내는 잉여금이 금융업 외에서는 들어본 적이 없는 마이너스 규모로 전환했다. 관리직에서 시작된 급여 삭감은 '긴급조치'라는 명목하에 일반 직원들의 수당으로까지 이어졌다. 주가는 2001년 7월의 5,000엔을 정점으로 계속 하락했고 1년 후에는 10분의 1도 채 되지 않았다. 후지쯔는 '선도 기업'이라는 지위에서 물러나야 했으며 이를 바라보는 일본 사회의 시선도 싸늘하기만 했다.

그러나 후지쯔의 이미지를 한층 악화시킨 것은 당시 사장이었던 아키쿠사 나오유키의 발언 때문이었다.

쓸데없는 질문이다. 직원들이 일하지 않기 때문에 발생한 문제다. 매년 사업 계획을 세워 그대로 한다고 말해놓고 하지 않으니까 이렇게 된 거다. 계획을 달성할 수 없으면 비즈니스 유닛 Business Unit을 바꾸면 된다. 그것이 성과주의다.

〈주간 동양경제〉 2001년 10월 13일

취임 이후 매년 되풀이된 결산 하향 수정에 대한 경영 책임을 묻는 기자들의 질문에 아키쿠사 사장은 이렇게 단정해버렸다. 이 말 덕분에 후지쯔와 아키쿠사 사장은 유명해졌으며, 후지쯔의 심각한 내부 혼란이 회사 밖으로 드러나게 되었다. 그러나 회사 밖으로 노출된 혼란은 빙산의 일각에 불과했다. 실제 회사 내부에서는 눈을 가리고 싶을 만큼의 참상이 벌어지고 있었다. '이런 사장 밑에서 계속 일을 해야 하나?' 당시 후지쯔 직원의 머릿속에는 이 생각뿐이었다.

쌓일 대로 쌓인 직원들의 울분은 효고 현의 아카시 공장의 구조조정에서 폭발했다. 자회사로 이적을 통보받고 이에 격분한 직원 한 명이 자신의 상사를 폭행하여 중상을 입혔다. 또 나가노 지구에서는 총 세 번에 걸친 구조조정으로 3,000명이 넘는 직원들을 조기 퇴직시켜 나가노 시 유수의 대공장은 텅 빈 상자로 전락했고, 그 건물에서 뛰어내려 자살하는 사람까지 있었다. 그 공장의 옥상은 지금도 출입금지다.

직원들의 스트레스는 구조조정의 폭풍이 몰아닥친 공장에서만 쌓인 것이 아니었다. 가나가와 현 가와사키 시에 있는 연구소에서는 연구원이 불투명한 회사의 미래보다 기밀 정보에 희망을 걸었다. 결국 두 명이 해고되는 선에서 끝나긴 했지만, 모 주임 연구원은 2억 엔의 계약금을 무사히 손에 쥐고 미국으로 이주해버렸다.

업적 악화 후 후지쯔의 내부 혼란은 더욱 가속화되었다. 2000년부터 시작된 '넥스트 커리어 프로그램'이라는 조기퇴직제도(45세 이상의 퇴직자에 대해 최대 16개월분의 봉급을 퇴직금에 가산하는 제도)는 큰 적자를 낸 프로젝트 책임자들이 이 퇴직금을 챙겨 도망치듯 퇴직하는 데 이용되었다. 영업 부문에서 후지쯔 자사의 하드웨어를 사용하지 않는 상담을 적극적으로 진행한다며, 이에 참다못한 개발 부문이 스스로 자기 부문 내에 판매 추진 부대를 설립하기도 했다.

이러한 대혼란 속에서 후지쯔 직원들이 가질 수 있는 것은 절망밖에 없었다. 솔직히 나도 회사에 대한 애정을 모두 잃어버린 상태였다. 직원들의 애사심도 증오로 바뀌어갔다. 직원 대 경영진(인사부)이라는 심각한 대립 구도가 형성됐고, 이 구도에 양자 간의 신뢰는 전혀 존재하지 않았다. 대부분의 직원들은 자신의 상사와 인사부에 대한 불만을 토로하며 하루하루를 견뎠다. 그런데 그 불만이라는 것이 술자리에서나 하는 가벼운 욕 정도가 아니었다. "저 자식을 죽이고 싶다", "이런 회사 망했으면 좋겠다"라는 말을 아무렇지도 않게 내뱉는 사람이 많았다. 내가 어느 공장의 구조조정에 참여했을 때 이런 말을 직접 들은 경험이 있고, 내 동료의 차는 쇠 파이프로 얻어맞아 엉망이 되었다.

지금 후지쯔 직원의 회사에 대한 증오를 실제로 보고 싶다면 인터넷 검색을 해보라. 얼마든지 볼 수 있다.

게시판이나 현역 직원이 만든 자사 비판 사이트에는 직원들이 매일같이 불만과 증오를 내뱉고 있다. 그러한 공개의 장에서, 건설적인 비판에서부터 순전히 자사 멸시를 위한 중상, 그리고 '사외비' 정보까지도 무제한으로 흘러나가고 있다. 자기 회사를 폄하해서 무슨 이익을 얻겠는가. 그럼에도 그들은 그렇게 하지 않을 수 없을 정도로 울분이 쌓였고, 그래서 계속해서 쓰고 있다.

후지쯔는 2003년 결산부터 겨우 흑자를 달성하여 체면을 유지하고 있다. 그러나 여전히 관리직 직원들의 임금은 삭감된 채이며, 어려워지면 자회사 주식을 매각하는 오랜 관습 또한 시행하고 있다. 그래서 그것을 알고 있는 직원들의 울분은 이후에도 계속될 수밖에 없었다.

도대체 후지쯔는 왜 이렇게 되었을까? 2004년에 퇴직하기까지 나는 성과주의 운영의 당사자였다. 그래서 내부에서 벌어진 일련의 사건들을 가까이에서 볼 수 있었다. 나는 그때 내가 본 진실들을 이야기해야 할 의무가 있다고 생각한다. 그 진실을 알리는 것이 후지쯔는 물론 경제계 전반의 이익이 될 거라고 믿는다.

일본을 대표하는 IT 기업의 융성과 몰락을 풀어헤치면 그곳에 일본 기업들이 껴안고 있는 구조상의 문제들이 속속 드러난다.

우리에게 익숙지 않은 성과주의라는 시스템이 어떻게 한 회사를 병들게 했는지를 본다면 등골이 오싹할 것이다. 이런 일은 후지쯔뿐 아니라 어느 기업에서도 일어날 수 있는, 아니 이미 일어나고 있는 일이다.

조 시게유키

차례

| 머리말 |

1 후지쯔의 신화가 무너지다   17

실리콘 밸리의 시스템 도입
전직 시장의 등장
성과주의의 핵심은 목표관리제도
목표가 있어야 의욕이 상승한다
급여의 차이가 의욕을 끌어낸다
근무 형태는 자유, 성과가 제일
개인의 시대를 상징하는 슈퍼 퍼포머
성과주의는 경영자들의 오랜 꿈
후지쯔의 비즈니스
후지쯔의 기둥은 솔루션 비즈니스
IBM을 능가할 수 있는 기업은 후지쯔뿐
대졸 응모자가 반 이하로 떨어지다
낮에도 컴컴한 가와사키 공장

2 직원들, 의욕을 상실하다   45

처음부터 정해진 평가의 할당
형식적인 목표 시트 평가
피드백은 없다
무시되는 목표 시트
평가회의는 관리직 간의 조커 미루기
너는 처음부터 B급 직원
품질 저하와 직원들의 반목

인건비를 줄이기 위한 재량노동제
사기극에 협조하기 싫다
20퍼센트나 상승한 인건비의 모순
내란內亂 상태에 빠진 직장
평가의 인플레이션
우리 회사는 능력 있는 직원뿐
회사 전체가 도토리 키 재기
강등제도가 없었던 것이 최대의 결함
형명참동刑名參同의 조직학
중장년층의 무기력증
젊은 세대들의 절망

3 아무도 책임지지 않는다 79

공표되지 않는 관리직의 목표와 성과
관리직은 방목 상태
경영진의 목표 평가는 E
프로젝트 계약 해지의 충격
산더미처럼 쌓인 자기 디스켓
뒤로 미루기가 초래한 대규모 구조조정
침몰한 사업본부
쓸데없이 반복되는 조직 변경
회사를 마비시킨 분노의 메일
결산 하향 수정의 이유
경리부는 지옥이다
자사 제품을 팔지 않는 영업부

4 문화가 다르면 방법도 달라야 한다 111

후지쯔는 파벌사회
우수한 직원들에게 강요된 암묵적인 이해
성과주의와 파벌은 물과 기름
사내 등급제도의 모순
회사를 떠나는 젊은 직원들
전문가를 원하지 않는 기업
관리직은 곧 명예직
급여도 연금처럼 붕괴한다
연공서열제도의 합리성

5 인사부가 먼저 변해야 한다 131

본사 인사부에 대한 의혹
우대받는 본사 인사부
지는 걸 알면서도 늦게 내는 가위바위보
사장의 발언에 질려버린 직원들
인사부의 독재와 블랙리스트
성과주의 만족도 90퍼센트
인재 선택의 모순
취직 인기 기업 순위 높이기 작전
불난 뒤 더 부자가 된 인사부
가와사키 공장의 식당은 왜 맛없고 비싼가?
인사부는 엘리트 집단
직원은 지배 대상이 아니다

허술한 개인 정보 관리
노조는 후지쯔 제2의 인사부
노조 책임자가 자회사 사장이 되는 악몽

6 어떻게 일본형 성과주의를 확립할 것인가 165

사람은 미래를 위해서 일한다
컨설팅 회사마저 재검토하는 성과주의
성과주의는 인건비 억제의 방편
돈을 많이 먹는 중장년층도 저격 대상
실정에 맞는 성과주의가 필요하다
목표관리제도의 폐지
공정평가위원회의 설치
조직의 구조조정과 평가 담당 관리직의 설치
커리어 패스의 설치
재량노동제를 위한 변화
성적은 공개돼야 한다
미국의 문화와 성과주의
미국의 성과주의가 일본인에게 묻는 것

| 맺음말 |

성과주의의 환상을 버려라 195

| 부록 |

1. 일본 기업과 성과주의 201
2. 최근 후지쯔 그룹의 주요 구조조정 209

I. 후지쯔의 신화가 무너지다

실리콘 밸리의 시스템 도입

성과주의performance-based pay system란 무엇인가? 이 제도의 도입은 무엇을 의미하는가?

이러한 기본적인 숙고도 없이 일본에서 성과주의가 시작되었다. 후지쯔가 이 제도를 처음으로 도입한 1993년은 거품 경제의 붕괴로 인한 후유증이 전혀 가시지 않을 때였고, 일본식 경영의 부정적 측면들이 한층 강조되던 시기였다.

후지쯔는 1992년 처음으로 경영 적자를 기록했다. 이것을 우려한 경영진은 해마다 규모가 축소되어가는 컴퓨터와 그 주변 환경의 변화를 연구하기 위해 실리콘 밸리에 사찰단을 파견했다. 그들은 그곳에서 일본인 기술자보다 더 맹렬하게 일하는 엔지니어들과 그들의 높은 노동 의욕을 지탱하는 성과급이라는 시스템을 보았다.

실리콘 밸리의 기업들은 개발에 참여하는 엔지니어들에게 성과(performance)에 상응하는 보수를 지불해왔다. 사찰단은 실리콘 밸리의 성공 원인이 이 시스템에 있다고 당시 사장인 세키자와 다다시에게 보고했다. 그러자 세키자와 사장은 마치 새로운 부품을 갈아 끼우듯 "당장 그 제도를 도입하라"는 명을 내렸다. 이렇게 성과주의는 일본 기업의 대개혁을 위한 최초의 선택이 되었다.

그러나 실리콘 밸리의 시스템은 미국 기업을 대표하는 시스템이 아니라 실리콘 밸리라는 첨단 산업 집적지의 특수한 시스템에 지나지 않았다. 그 증거로 영어에는 성과주의를 단적으로 나타내는 말이 없다. 그러나 업적 악화에 고뇌하던 경영진은 이것을 미국형 시스템이라고 오해하여 일본형 시스템에서 미국형 시스템으로 전환하면 모든 일이 잘될 거라고 믿어버렸다.

성과주의를 일본식으로 간단히 말하면, 이제까지의 '오래 근무하면 직위가 높아진다'에서 '개인의 성과를 중시하자'라는 발상의 전환 정도일 것이다. 언뜻 보면 상식적인 제도처럼 느껴지지만, 일본 기업들은 오랫동안 '연공서열seniority-based pay system' 시스템을 기반으로 높은 성장을 이룩해왔다. 사실 거품 경제가 붕괴되기 전까지는 누구도 일본의 연공서열 시스템에 의문을 가지지 않았다. 그뿐 아니라 일본 경제의 강함, 일본 기업의 견실함은 이 연공서열을 기반으로 한 조직에 있다는 목소리가 압도적이었다.

실리콘 밸리와 일본의 노동 환경은 근본적으로 다르다. 실리콘 밸리에서는 20년, 30년을 현역에서 일하는 사람이 없다. 마흔 살에 은퇴하여 조용히 여생을 보내든지, 창업하여 경영자가 되든지 둘 중 하나다. 후지쯔는 이런 인식도 없이 기존의 연공서열형 인사제도에서 개인의 능력에 맞춰 상여금에서 직급까지 모든 것을 사정査定하는 성과주의로 전환을 서둘렀다.

전직 시장의 등장

후지쯔의 성과주의는 1993년, 우선 관리직의 연봉제에서 시작되어 1997년부터 본격적으로 중견 사원 이상까지 확대되었고, 이듬해 지금과 같은 시스템이 완성되었다. 그것은 기존의 일본 기업의 직원 평가제도와는 다른 '목표관리'라는 객관적인 지표에 의한 디지털 평가였다. 그래서 급여는 경우에 따라서 올라갈 수도 내려갈 수도 있었다. 나이나 서열보다 '실력'이 가장 중요하다는 참신한 발상이었다.

이 시스템이 다른 기업에게 준 충격은 대단했다. '후지쯔가 한다면 우리도'라는 기업이 줄줄이 나타났고 경영학자와 언론도 그 풍조를 부채질했다. '일본 기업은 변하지 않으면 안 된다'라는 분위기 속에서 성과주의는 가장 받아들이기 쉬운 변화였던 셈이다. 언론은 앞 다투어 '실력주의 사회의 도래'라고 선전했다.

물론 후지쯔의 인사제도 개혁은 성과주의만이 아니었다. 지금은 당연한 경력 사원 채용도 전기 관련 대기업 중에서 후지쯔가 최초로 도입했다. 후지쯔는 1998년에 연간 200명이라는 경력 사원의 채용 계획을 세웠는데, 그때까지 전기 관련 대기업에서의 경력자 채용은 거의 이루어지지 않았다. '종신고용' 즉 '처음 입사한 회사에서 정년까지 근무한다'라는 연공서열제도에 입각한 사고방식이 지배적이었기 때문이다.

그때까지 전기 계열 대기업에서는 채용 담당자들이 매년 정례회의를 열어 향후 채용 계획 등의 정보를 교환하며 어떤 협정을 준수할 것인지를 확인해왔다. 그 협정이란, '같은 전기 계열 대기업 중에서는 직원을 뽑지 않는다'라는 일종의 기업 연합과 같은 약속이었다. 말할 것도 없이 이는 연공서열형 조직을 유지하기 위한 것이었다. 그런데 그 회의에서 후지쯔가 돌연 협정의 실질적인 파괴를 선언했으니 다른 기업들은 깜짝 놀랄 수밖에 없었다.

일본에는 거의 없었던 전직轉職 시장은 해마다 규모가 확대되었고 이제는 누구든 인터넷을 통해 새로운 직장을 구할 수 있다. 일본에 없었던 전직이라는 새로운 '선택'이 생겨난 것이다. 현재는 노동자도 기업도 전직이라는 새로운 카드를 자연스럽게 받아들이고 있다. '일본에서도 더 이상 종신고용이 통하지 않는다'는 생각이 퍼져가고 있는 것이다.

성과주의와 전직, 이 두 가지는 물론 밀접한 관련이 있다. 기업이 새로운 인재를 받아들이기 위해서는 근속 연수나 과거의 성과에 얽매이지 않는 제도가 필요하다. 노동자는 자신의 경력을 인정하고 그에 맞는 지위를 제공할 수 있는 시스템을 원한다. 연공이 아니라 실력을 중요시하는 성과주의는 기업과 노동자를 동시에 만족시키고 있다.

실제로 후지쯔는 성과주의가 어느 정도 정착되자 경력자 채용 비율을 높였고, 지금도 그 비율은 해마다 상승하고 있다. 다른 회사에서 성장한 수천 명이 회사로 들어오고 또 그만큼의 사람들이 다른 회사로 이동했다. 그것에 끌려가듯 동종업계에서도 중도 채용에 나섰다. 이렇게 해서 신흥 기업이나 외국계 기업을 주요 대상으로 삼아온 리쿠르트 등의 인재 소개 회사는 엄청난 패를 손에 쥐게 되었다.

일본에서 채용 대상이라고 하면 대학 신규 졸업자뿐이었다. 그러나 지금은 경력자 채용이라는 거대한 인재 시장이 형성되어 전직이 많아졌다. 이제 더 이상 '일단 회사에 들어가면 그곳에서 평생 근무하고, 나이와 함께 급여도 올라가는' 사회가 아니다.

성과주의의 핵심은 목표관리제도

후지쯔의 성과주의는 도입 초기부터 '목표관리제도'라는 형태를 취해왔다. 직원들은 6개월마다 목표를 세우고 그 성과에 따라 상여금을 받았다.

여기서 후지쯔의 성과주의에 따른 인사제도의 진행 과정을 시간에 따라 정리해보면 다음과 같다.

1993년 일본의 대기업 중 처음으로 성과주의에 의한 목표관리제도 도입. 우선 관리직에 적용하기로 결정.
1994년 관리직 직원들에게 연봉제 도입. 재량노동제裁量勞動制, 즉 'SPIRIT'(창조성, 전문성이 요구되는 전문 엔지니어 등의 주임급을 대상으로, 시간 관리를 하지 않고 성과에 따라 급여를 지급하는 시스템) 시작.
1995년 '간부직원제도' 신설. 과제課制 폐지.
1996년 목표관리 평가제도를 중견 간부까지 확대 적용. 경력자의 중도 채용 시작.
1997년 등급을 매기는 등급제도를 간부들에게 적용. 제조 현장에 목표관리 평가제도 적용.
1998년 등급제도를 일반 직원들에게 적용, 자격제도 폐지. 일반 직원들의 상여금에 회사의 업적 반영.
1999년 간부들의 급여에도 회사의 업적 반영.
2001년 목표관리 평가제도를 개정하여 성과평가로 통합.
2003년 희망 직무를 선택할 수 있는 'FA제도' 도입.

내가 대학교를 막 졸업하고 후지쯔에 입사했을 때 이미 성과주의가 실험적으로 실시되고 있었고, 회사는 그것을 대대적으로 선전했다. "후지쯔에서는 일하면 일한 만큼 보답을 받습니다", "후지쯔는 당신의 능력을 펼칠 수 있는 회사입니다"라는 문구는 회사 설명회에서 빠지지 않았다. 그래서 나는 후지쯔에 들어가면 지금까지의 일본 기업과는 다르게 '실력으로 미래를 펼쳐나갈 수 있다'고 믿고 후지쯔에 입사했다. 법학 전공을 살려 법무 팀이나 인사 업무를 희망했다.

후지쯔의 성과주의는 앞에서 말한 것처럼 미국형 성과주의 인사평가제도의 한 형태에 지나지 않았다. 그래서 어떤 회사에도 적용할 만한 보편성이 없었다. 그러나 후지쯔의 성과주의는 일본에서 성과주의형 인사제도의 대표적인 스타일로 정착해버렸다. 현재 성과주의를 도입하고 있는 기업의 70퍼센트가 어떠한 형태로든 목표관리형 평가 시스템을 사용하고 있다. 후지쯔의 인사부도 이 제도에 관한 자료를 제공하고 사내 시스템을 적극적으로 판매하는 형식으로 다른 기업에 이 시스템을 보급하는 데 한몫했다.

여기서 이 제도의 일반적인 개념을 다음의 세 가지로 간단하게 설명할 수 있다.

① 부문별로 목표를 작성하고 개인별로 할당
② 평가 결과를 상여금 및 승급 금액에 반영
③ 재량노동제 도입

입사 후 나는 희망대로 인사부에 배치됐고, 이 세 가지를 이해하면서 성과주의가 무엇인지를 알게 되었다.

목표가 있어야 의욕이 상승한다

① '부문별로 목표를 작성하고 개인별로 할당'이라는 것은 현재 많은 기업에서 도입하고 있는 목표관리제도다. 즉, 반기半期별로 목표를 설정하고 기말에 평가하는 것이다. 당연히 목표는 각 평가 대상자들 간의 공정을 기하기 위해 같은 높이로 설정해야 하며, 설정할 때는 자신의 평가자인 상사와 면접을 실시해야 한다. 또 그 목표는 부서가 담당하는 업무와 맞아야 하며, 일정한 난이도가 있어야 하는 것이 의무다.

우선 각 부서의 임원이 그 사업 부문의 당기 목표를 설정하면 사업부장, 부장 순으로 자신의 업무 목표를 설정한다. 마지막으로 그것을 현장에서 실행하기 위해 각 직원들이 자신의 역할을 세분화한다. 각 개인이 목표를 달성하면 그 결과는 관리자의 목표 달성으로 연결되고 그것들이 쌓여 부문별 목표가 완성된다. 이렇게 하면 목표라는 알기 쉬운 평가 기준을 설정한다는 점 외에도 직원들 간에 명확한 방침을 공유할 수 있다는 이점이 있다.

요약하면 목표관리제도란 하나의 사업 부문이 지향해야 할 목표를 직원들 각자가 해야 할 역할로 세분화하는 시스템이다. 그 흐름을 정리하면 25쪽의 그림과 같다.

목표 설정 다음으로 중요한 것이 목표가 달성되었는지 아닌지에 대한 평가다. 이것은 급여(상여와 승급)에 직결되기 때문에 매우 중요하다. 그래서 평가 방법은 아주 투명해야 한다. 각 직원들이 세운 목표에 대한 성과는 수치상으로 명확하게 평가되

목표의 체계

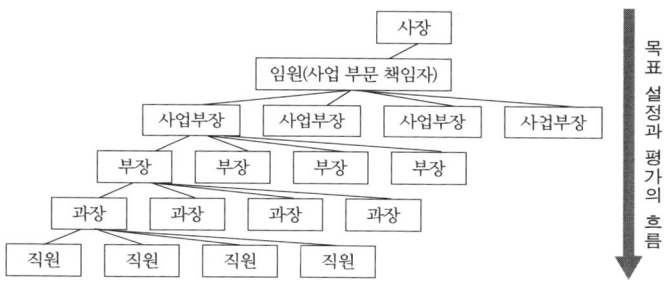

사업 부문별로 위에서부터 목표를 설정하여 일반 직원들에게 역할을 제시하는 것이 가장 중요하다.

기 때문에 평가자의 재량이 들어갈 여지가 없다.

평가자의 주관이 크게 작용했던 이제까지의 평가 방법이 피겨 스케이트의 예술 점수와 같다면 목표관리제도에서의 평가 방법은 높이뛰기 선수의 기록과 같다. 자신이 설정한 목표 높이에 어느 정도 도달했는지 누구의 눈에도 명확하게 보인다. 그리고 그 목표 높이는 전 직원 모두의 목표이기도 하다. 이것은 직원들의 만족도를 높일 뿐만 아니라 의욕을 높이는 데도 도움이 된다.

평가가 낮더라도 목표관리제도에서는 개선해야 할 점이 명확하게 나온다. 각자가 무엇을 해야 하는지, 그리고 얼마나 더 열심히 하면 목표를 달성할 수 있는지가 명시되기 때문이다. 자신이 어떻게 하면 높은 평가를 받을 수 있는지 알게 되면 창가에 앉아 꾸벅꾸벅 졸던 직원도 분발하지 않을 수 없다. 이렇듯 공평하고 효과적인 제도는 아마 없을 것이다.

급여의 차이가 의욕을 끌어낸다

노동의 대가로 보수가 있다면 그 보수는 성과에 상응하는 것이어야 한다. 이 생각에 반대하는 사람은 없을 것이다. 그래서 성과주의는 보수의 차이를 낳는다. 그렇다면 그 차이는 어떻게 해서 생기는 것일까? 이것이 ②의 '평가 결과를 상여금 및 승급 금액에 반영한다'이다.

우선 기본적으로 각 기별 상여금은 그 기의 목표 달성도에 따라 결정되고, 그 결과는 봄의 승급 금액에도 반영된다. 물론 종신고용제도에도 평가라는 것이 있었고 상여 금액 역시 그 평가에 따라 차이가 났다. 그러나 그 차이는 일반적으로 수천 엔에서 수만 엔 정도에 지나지 않았다. 하지만 성과주의라는 신제도를 도입한 후 후지쯔에서는 최대 열 배에 가까운 차이가 발생하게

연공서열형 정기 승급		신 인사제도에서의 정기 승급
정기 승급분	⇒	정기 승급분
		성과 승급분

지금까지의 정기 승급과는 달리, 성과에 따른 차이를 둘 수 있게 되었다. 이 흐름은 향후 가속화되어 차츰 성과분으로 통합되게 될 것이다. 실제로 2004년 봄, 마쓰시타나 미쓰비시 전기 등 많은 기업에서 정기 승급제도의 폐지를 발표했다.

되었다. 연간 최고의 평가를 받는다면 연 수입은 두 배 가까이 뛰어오른다. 이는 안정적인 생활에 익숙한 직원들에게 상대에 대한 경쟁심을 불타오르게 할 수 있고, 성과에 대한 욕심을 자극할 수 있다. 이렇게 하면 회사의 업적은 자연히 상승하게 된다.

승급 금액도 상여금과 마찬가지로 성과에 따라 크게 차이가

후지쯔 사내 등급 구조

3급   고교 졸업자
4급   대졸
     2년 동안의 훈련 기간은 대부분 이 등급에 속함

5급   훈련을 마친 대졸 직원, 대학원 졸업 직원
     우수한 대졸자 중에는 가끔 5급부터 시작하는 사람도 있다.
6급   (주임급, 계장급)
     회사 내에서는 리더 등으로 불린다.
	목표관리제

7급   (과장)
8급   (부장)
     라인과 비라인으로 나뉜다. 라인은 아래 직원을 가지고 있는 사람.
     비라인은 아래 직원이 없는 단독 부장.
     부장 중 약 30퍼센트가 아래 직원이 없다.
9급   (사업부장)
10급 (본부장 등)
     임원 바로 앞 단계에 있는 사람들. 몇 명 되지 않음.
임원
	연봉제

후지쯔에서는 5급 이상부터 목표관리가 시작되며, 7급 이상부터 연봉제가 시작된다. 설사 성과를 내지 못하더라도 급이 내려가는 일이 없다. 이것이 최대의 문제점이다.

난다. 같은 근속 연수라도 성과에 따라 연봉의 차이가 커질 수밖에 없다.

평가가 평균 이하인 경우에는 예전과 같은 기본급 상승을 기대할 수 없다. 그러니 30대 중반을 넘어 출세를 포기한 직원이지라도 안일하게 있을 수 없다. 게다가 후지쯔는 사내 승급에도 상여 성적을 반영하여 계속해서 높은 성과를 올리는 것이 출세의 조건이 되었다. 이 차이는 입사 3년째부터 커지기 시작하므로 예전과 비교가 안 될 정도로 일찍부터 경쟁 체제가 마련되는 것이다.

여기서 사내 직급을 정리하면, 전 직원들에게는 27쪽의 표처럼 직급이 할당돼 있다. 그리고 이 직급이 기본급의 기준이 된다.

근무 형태는 자유, 성과가 제일

성과주의는 이제까지의 업무 형태도 변화시켰다. 샐러리맨이라면 당연한 9시에서 5시까지의 근무는 이제 옛이야기가 돼버렸다. 바로 ③의 '재량노동제 도입'이 결정적인 역할을 했다. 재량노동제라는 것은 '노동 시간'에 대한 대가에서 '성과'에 대한 대가로 발상을 전환한 결과 탄생한 신제도다. 본래 창조성이 높은 일부 업종—텔레비전 방송국의 디렉터 등—에서 인정받던 고용 형태인데, 근로기준법의 규제 완화와 맞물려 후지쯔는 1997년부터 대대적으로 도입했다.

원래 직원들은 기본급에 더하여 시간외근무수당을 지급받아

		재량노동제의 성과분
상여		상여

일반 근무자   재량노동제 근무자

재량노동제 근무자의 상여금은 일반 근무자의 상여에, 평가에 따른 '추가' 분이 가산된다.

왔는데 이것은 근무 시간의 길이를 평가한다는 개념이다. 그러므로 성과주의적 발상과는 양립할 수 없다. 기본급+시간외근무수당이라는 것은 본래 제조 라인이나 단순 사무 작업 등, 근무 시간이 성과에 어느 정도 비례하는 단순 작업에 적합한 시스템이다. 이 경우 고용자는 사전에 예측 가능한 성과를 예산에 반영하고, 필요한 인건비를 계상하여 적정한 시간급을 산출하는 것이 가능하게 된다.

그러나 재량노동제에는 시간외근무라는 개념 자체가 없다. 출퇴근 시간도 고정돼 있지 않으며, 탄력 근무제처럼 월 최저 필요 노동 시간도 설정하지 않는다. 이런 근무 형태에서 직원들에게 요구하는 것은 오직 목표를 달성하는 것, 즉 성과다. 극단적으로 말하면, 직원들은 결과를 내기만 하면 대일 회사에 얼굴을 내밀 필요가 없다. 집에서 할 수 있는 일이라면 재택근무도 가능하다. 일도 없는데 늦은 밤까지 남아 시간외근무수당을 벌 필요도 없다. 바쁠 때는 효율적으로 일을 진행함으로써 초과근무 시간을 줄일 수도 있다. 일본 기업의 악명 높은 일중독증을 이것으로 한꺼번에 해결할 수 있다.

재량노동제의 장점은 근무 형태의 자유로움에만 국한되지 않는다. 금전적인 부분에서도 재량노동제 종사자에게 많은 혜택이 주어진다. 통상적인 기본 상여금에 성과에 따른 상여금이 더해지기 때문이다. 일반 근무자와 비교하면 수십 만 엔에서 100만 엔까지 차이가 났다.

개인의 시대를 상징하는 슈퍼 퍼포머

여기서 후지쯔의 성과주의를 간단하게 정리하면, 슈퍼 퍼포머super performer를 만들어내는 구조라고 말할 수 있다. 아래의 그림에서 볼 수 있듯이 평가는 'SA, A, B, C, E' 5단계로 나뉘며 그 정점에 SA(일을 잘하는 슈퍼 직원)가 있다.

영어에서 성과를 퍼포먼스라고 하는데, 특상(슈퍼)의 성과를 올리면 누구나 이 슈퍼 퍼포머가 될 수 있다. 목표를 설정하고 그 목표를 달성하면 A지만, 그 이상을 달성하면 SA 평가를 받아 더 많은 급여를 받을 수 있다. 게다가 시간에 구속받지 않는다. 또 계속 성과를 올리면 나이에 상관없이 승진도 가능하다. 이런

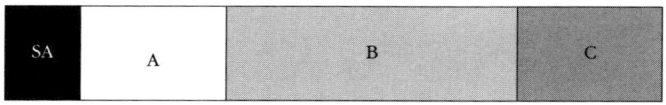

평가 분포 비율 = 1 : 2 : 5 : 1.5~2
평가 분포 비율은 1998년 것으로, 물론 왼쪽으로 갈수록 높은 평가이다. E는 해당자가 있는 경우에만 매겨진다.

면에서 볼 때 목표관리에 의한 성과주의는 개인에게 참으로 훌륭한 제도다. 그 당시 일본 사회도 '옆으로 나란히 선다'는 '집단주의'에서 '개인주의' 시대로 변해가고 있었다. 개인의 행복을 추구할 수 있는 사회가 바람직한 사회라는 발상에서 기업과 개인 모두 변화하기를 요구받았다.

후지쯔의 성과주의는 이러한 일본 사회의 변화와 보조를 딱 맞추고 있었다. 실제로 내 주변에도 '기존의 틀을 넘어선 변화'라든가 '경쟁 원리에 따라서' 등의 말이 수시로 오갔으며, '퍼포먼스'라는 말도 유행어가 되었다. 게다가 각종 '규제'에 보호받아온 업계의 수평 구조가 곳곳에서 무너지기 시작했다. '결코 무너지지 않는다'는 신화를 가지고 있던 도시은행의 파산이나, 재벌기업의 계열을 넘어선 기업 간 합종연횡合從連衡 등은 몇 년 전까지만 해도 상상할 수 없었던 일이다. 그런 이유로 후지쯔의 개혁은 시대의 흐름을 잘 읽은 것으로 여겨졌다.

실제로 내 친구들 중에는 "후지쯔가 부럽다"고 말하는 사람도 많았다. 그들 대부분이 아직 개혁되지 않은 대기업에서 일하고 있었고, 얼굴만 마주쳐도 일본식 조직의 결점을 늘어놓았다. '실력이 확실하게 평가되지 않는 조직에서 일하면 의욕이 떨어진다. 그러니 후지쯔는 훌륭한 기업'이라고 다들 입을 모았다.

성과주의는 경영자들의 오랜 꿈

"후지쯔의 개혁은 단순한 인사제도 개혁에 머무르지 않을 것"

이라는 목소리가 들려왔다. 업계에서는 후지쯔가 성과주의로 이행한 이상, 근본적인 사내 구조 개혁에 나설 거라고 생각했다. 기본적으로 경영자 편인 경제신문들도 대부분 성과주의를 긍정적으로 평가하며 "이 시스템으로 인해 회사는 높은 성과를 달성할 수 있다"고 논평했다.

직원들은 자신의 능력을 한껏 활용하여 주어진 목표를 향해 한눈팔지 않고 달려갈 수 있게 된다. 이제 무능한 선배를 위해 일할 필요도 없다. 앞으로는 실력 있는 사람이 실력에 맞은 직위에 올라가 프로젝트를 추진하게 될 것이다. 또 애매한 평가 기준에 따라 일방적으로 평가되는 '보이지 않는 손'에 의한 출세는 없을 것이다. 관리직의 주관이 개입될 여지도 없다. 만약 목표가 달성되지 못했다 하더라도 여전히 직원들의 의욕은 높을 것이다. 왜냐하면 그들은 자신에게 부족했던 것이 무엇인지, 그리고 앞으로 무엇을 해야 하는지를 명확히 알고 있기 때문이다. 이런 직원들이 가지게 되는 이점은 그대로 회사의 이점으로 연결된다.

벤처 기업의 입장에서 볼 때 일본의 대기업은 관료 조직과 전혀 다를 바가 없다. 정해진 비즈니스 모델 속에서 매일매일 반복되는 업무를 수행하다 보니 스스로 머리를 써서 변혁을 일으키는 것을 원치 않는 사람들이 많다. 경영자들은 이런 종신고용의 모형 속에서 잠에 빠진 듯이 얌전한 직원들만 보아왔다. 자기 회사 직원들이 적극적으로 자신을 연마해가는 모습을 보는 것이 모든 경영자들의 꿈이었다. 이런 점에서 성과주의는 경영자들에게도 훌륭한 제도다.

"회사를 실제로 이끌어가는 건 전 직원의 단 10퍼센트"라는 말을 종종 듣는다. 그 우수한 10퍼센트(슈퍼 퍼포머)에게 극진한 대접을 해주면 누구나 그 10퍼센트가 되려고 노력할 것이고 전체적인 퍼포먼스는 자연히 올라갈 수밖에 없다.

후지쯔의 성과주의가 널리 알려지자 일본 기업 전체에 적지 않은 파장이 퍼져가기 시작했다. 직원의 입장이든 경영자의 입장이든 대기업 인사제도에 흥미가 있는 사람이라면 무엇이 변하고 있는지 이해할 수 있었다.

물론 리쿠르트와 같이 예전부터 종신고용에 구애받지 않는 대기업이 있었고, 벤처 기업이나 중소 기업에서는 연봉제나 스톡옵션 등 성과형 보수제도를 실행하는 곳도 적지 않았다. 그러나 고도 성장기를 이끌어온 대기업에서는 이런 개혁이 미진한 상태였다. 그래서 후지쯔의 성과주의 도입은 일본 사회의 변화와 전통적인 가치관의 변화를 상징하는 사건이었다.

후지쯔의 비즈니스

2001년 1월, 일본의 IT 건국을 추진하기 위해 당시 모리 요시로 수상 직속의 전략 조직으로 설립된 IT 전략본부에서는 만족한 미소를 짓는 후지쯔의 아키쿠사 나오유키 전 사장의 모습을 볼 수 있었다. 위원회의 명단을 보면, 소니의 이데이 노부유키 회장 외 쟁쟁한 멤버들의 이름 중 그의 이름이 가장 위에 올라와 있었다(단순히 히라가나 순서였는지도 모르지만). 지금 생각하면 아마도 그때가 후지쯔의 최고 시기가 아니었나 싶다.

후지쯔는 소니, 마쓰시타, 도시바 등을 함께 뭉뚱그려 일반적으로 '전기'라고 불리는 업계에 소속돼 있다. 그러나 각 회사가 취급하는 비즈니스에는 상당한 차이가 있다. 특히 NEC와 후지쯔는 다른 기업군과는 달리 '가전家電' 부문을 보유하지 않은 순수한 정보처리 관련 기기 제조업체이다. 물론 두 회사의 상표를 붙인 세탁기나 냉장고도 있긴 하지만 그것은 상표만을 사용한 그룹사 제품이다. 그런 의미에서 본다면 소니나 마쓰시타는 후지쯔의 고객이다.

또 NEC와 후지쯔도 그 특색이 약간 다르다. NEC는 PC나 휴대전화 등이 전통적으로 강한 반면 후지쯔는 시스템의 개발, 이른바 솔루션 비즈니스(SB: Solution Business) 부문에서 가장 큰 매출을 기록하고 있다. 히타치나 도시바는 이 두 그룹의 중간에 있다고 할 수 있다.

솔루션 비즈니스는 SI(System Integration) 사업이라고도 하는데, IT 사회의 인프라를 구축하는 사업이라고 생각하면 쉽게 이해할 수 있다. ATM(Automatic Teller Machine)으로 대표되는 금융 시스템, 제조회사나 유통업자의 SCM(Supply Chain Management) 시스템, 관공서의 전자행정 시스템 등이 대표적인 예로, 큰 고객의 경우에는 건당 수십억 엔을 벌어들일 수 있다.

그러나 비즈니스 규모에 비해 후지쯔의 이름은 일반인에게

친숙하지 않다. 전체 직원 수가 14만 명에 달하지만 일반 사용자들은 후지쯔가 어떤 기업인지 거의 모른다. 컴퓨터 등 일부 상품을 제외하고는 텔레비전에 광고에 자주 나오는 것도 아니고, 백화점이나 대리점에 멋지게 진열돼 있는 것도 아니니 어쩔 수 없는 일이다.

하지만 일반인과 후지쯔의 거리는 의외로 가깝다. 예를 들면 은행의 입출금기, JRA(일본 중앙 경마회-옮긴이)의 경마권 구입기 등에 후지쯔의 시스템이 사용되고 있다. 어쩌면 당신 회사의 시스템도 후지쯔에서 만든 것인지 모른다. 솔루션 비즈니스는 IT 사회를 지탱하는 주춧돌인 셈이다.

후지쯔의 기둥은 솔루션 비즈니스

후지쯔는 일본의 컴퓨터 업계에서 개척자라 할 수 있으며, 지금까지 솔루션 비즈니스로만 성장해왔다고 해도 과언이 아니다. 개인보다는 기업 쪽으로 눈을 돌려 기업이나 관공서를 고객으로 삼아왔다. 그러나 거기에 안주할 수 없는 변화들이 계속 일어났다. 가전이나 소비 제품 중심이었던 기업들이 법인 고객 쪽으로 눈을 돌리기 시작한 것이다. 소비자 지향 제품으로는 이익을 많이 남길 수 없다는 것을 깨달았기 때문이다.

1990년대 중반부터 중국이나 한국의 가전 업체들과의 글로벌 경쟁으로 백색가전(냉장고나 세탁기 등)의 가격이 계속 떨어지고 있었다. 또 아직 수익성이 있다고 여겼던 컴퓨터 분야(소비자형

PC)도 세계 점유율 상위의 미국 기업이 일본으로 진출하자 돈을 벌기는커녕 어쩔 수 없이 철수해야 하는 기업까지 나타났다. NEC와 후지쯔에서도 PC 부문의 매각은 항상 따라다니는 얘기였다.

과거의 가전제품 시장은 일본 기업들의 독무대였다. 그러나 지금은 동아시아 기업과의 경쟁에서 밀리고 있다. 디지털 가전(디지털 카메라, 휴대전화, 액정 텔레비전liquid crystal television 등)을 제외하면 이미 생산 라인은 다른 아시아 국가로 이전했고, 주요 부품도 수입품으로 대체하고 있다.

게다가 디플레이션deflation으로 인한 가격 하락이 가전 제품의 소비자 기피 현상을 가속화했다. 아무리 개발 비용을 투자하여 고부가가치 제품을 개발해도 그것이 소비자들의 구매와 직결된다는 보장이 없는 것이다. 고기능 고가의 일본 제품보다 최소한의 기능만 가진 저가의 수입품을 선택하는 소비자가 해마다 무시할 수 없을 정도로 늘어나고 있다. 게다가 품질의 차이도 확연히 좁아지고 있다.

가전 업계의 미래에 심각한 위기감을 느낀 기업들, 특히 브랜드 파워가 비교적 약한 기업들은 디플레이션 상황에서도 계속 안정된 수익을 내고 있는 후지쯔에 주목했고, 솔루션 비즈니스로 방향을 전환했다.

일본 제1호 컴퓨터를 개발한 후지쯔는 1980년대부터 일반 소비자형 컴퓨터도 조금씩 만들긴 했지만 많은 수익을 내지는 못했다. 독자적인 규격의 컴퓨터를 팔아 수십만 엔의 수익을 창출한 NEC와는 대조적이다. 후지쯔는 높은 기술력을 가진 반면에 원래부터 일반 소비자를 상대로 한 화려한 마케팅에는 능숙하지 않았고, 그럴 생각도 별로 없었다.

 1990년대 이후 각종 하드웨어와 반도체 분야는 한계점에 이르렀지만, 후지쯔의 솔루션 비즈니스는 순조롭게 커나가고 있었다. 그리고 이 솔루션 비즈니스를 이끌어온 사람이 아키쿠사 전 사장이었다.

IBM을 능가할 수 있는 기업은 후지쯔뿐

 백색가전 외의 새로운 수익원을 찾던 전기 업체들은 1990년대 후반이 되자 솔루션 비즈니스 분야에 뛰어들기 시작했다. 그리고 자사 내 또는 자회사의 주목받지 못하던 분야를 강화하기 시작했다. 이 분야라면 반도체처럼 막대한 초기 투자 비용을 쏟아 부을 필요가 없는데다 똑같은 제품이 어느 날 갑자기 한국에서 반값으로 수입될 걱정도 없었다. 실제로 그들은 이미 반도체에서 호되게 당한 경험이 있었다.

 NEC는 니시가키 코지 전 사장 체제 아래 몰락해가고 있던 PC 사업에서 시스템 사업으로 비중을 옮기기 시작했다. 이 무렵 NEC가 컴퓨터를 팔아 세웠던 본사 건물 '로켓 빌딩'을 매각한 것은 상징적인 사건이었다.

 물론 후지쯔도 솔루션 비즈니스에 한층 더 힘을 쏟았다. 아키쿠사 사장은 취임 2년차에 남들보다 빨리 '인터넷 후지쯔'라는 캐치프레이즈를 내세워 닛쇼 이와이와의 합병 사업이었던 니프티 서브의 주식 전부를 사들여 인터넷상의 거점을 확보했다. 이것을 무기로 당시 사쿠라 은행과 공동으로 재팬 넷 은행을 설립, 당시 닛코 증권과의 온라인 주식 거래를 제휴했다. 당시 시장에서 후지쯔만큼 매력적인 사업 분야를 가진 기업은 없었을 것이다. 주가도 연일 상승했다.

아키쿠사 전 사장도 그러한 것들을 외부에 열심히 홍보했다. '글로벌 비즈니스 전개', 그리고 '타도 IBM'. 토탈 솔루션 분야의 거인인 IBM(통칭 Big Blue)을 무너뜨릴 수 있는 기업이 만약에 있다면 전 세계에서 후지쯔밖에 없었다. 후지쯔와 다른 전자 업체들의 변화를 시장은 물론 투자자들도 높이 평가했다. 언론의 찬사도 이어졌다.

솔루션 비즈니스가 21세기 성장 산업이라는 것은 의심할 여지 없다. 과거의 사회 인프라는 철강, 조선 등의 중공업이 담당했지만 미래의 인프라는 정보통신을 책임지는 IT 산업이 담당할 것이다. 그중에서도 솔루션 비즈니스는 이미 화려한 실적을 자랑하고 있으며, 4만 명의 시스템 엔지니어를 보유하고 있는 후지쯔의 성장력은 약속된 것이나 다름없다.

1990년대 후반, 후지쯔는 확실히 다른 전기 업체들보다 한 발이 아니라 몇 발이나 앞서 나가고 있었다. 솔루션 사업에서 다른 전기 업체들의 매출을 다 더해도 후지쯔에는 미치지 못했다. 다른 기업들이 일본 내 솔루션 사업을 강화하고 있을 때 후지쯔는 이미 글로벌 체제를 구축하여 유럽과 미국에 진출했다. 미국의 암달Amdahl corporation, 영국의 ICL 등을 매수하여 산하에 두었으며, 해외에서 1,000억 엔 규모의 사업 — 영국의 국립 우편 시스템 등 — 을 연달아 수주했다. 일본 기업이 일본 기업이 아닌 외국 기업으로부터 대규모 시스템을 수주하는 일은 그때까지만 해도 들어본 적이 없었다.

후지쯔의 솔루션 비즈니스 강화와 성과주의의 도입은 거의 같은 시기에 이루어졌다. 솔루션과 성과주의라는 양쪽 날개를 단 후지쯔의 미래는 흔들림 없는 것처럼 보였다.

대졸 응모자가 반 이하로 떨어지다

하지만 21세기에 들어서자 후지쯔의 성장 속도는 급격히 떨어지기 시작했다. 마치 시속 150킬로미터로 가던 차가 급브레이크를 밟은 것 같았다.

후지쯔의 주가가 5,000엔대에 올랐을 때 오랫동안 업계 라이벌이었던 NEC의 주가는 3분의 1 수준이었다. 그러나 2000년 7월부터 하락하기 시작한 주가는 2년 후 최고시의 10분의 1도 채 되지 않았다. 하드웨어 부문은 핵심 제품 없이 점유율만 계속 떨어졌으며, 부문별 자회사로 만들거나 그룹 외 기업과의 합병 및 재편을 되풀이했다. 순수하게 본체로 개발할 수 있는 제품은 유닉스UNIX 서버와 PC, 휴대전화 시스템 그리고 고밀도집적회로(LSI: large scale integrated circuit) 정도였다.

부진한 것은 하드웨어 사업뿐만이 아니었다. 간판이었던 솔루션 비즈니스에서도 계속해서 문제가 발생해 후지쯔의 이미지는 급격히 떨어지고 있었다. 솔루션 사업은 그때까지 거의 유일하게 남아 있던 수익의 기둥이었지만 동종 업계의 성장률에 비하면 현상 유지 수준이었다. 게다가 고객만족도 조사에서는 동종 업계 중에서도 사업 규모가 가장 작은 NEC에게도 완패하고 말았다. 경영진에게는 의외의 일이었을 것이다.

높은 의욕으로 가득 차 목표를 향해 쉼 없이 달려가야 할 직원들이 오히려 예전보다 못한 성과에 머물렀다. 게다가 사업의 효율성이 향상되기는커녕 인건비만 20퍼센트 이상 상승했다. 몇 년 전까지만 해도 애사심이 넘치던 직원들이 각종 잡지나 인터넷에서 회사를 신랄하게 비판했다.

무엇보다 예상하지 못했던 일은 직원들의 이직률 증가였다. 슈퍼 퍼포머를 목표로 일을 해야 할 우수한 인재일수록 회사를 떠나는 일이 잦아졌다. 후지쯔는 해마다 100명 단위로 타사에서 인재를 채용한 반면, 그 이상의 후지쯔 토박이들이 전직했다.

그래도 주가가 4,000엔을 넘는 동안은 아직 어떻게 해볼 여지가 있었다. 타사에서 이직해온 인재들은 동종 타사의 당당한 주력 선수들이었고, 모두 자신의 역량을 크게 펼쳐보려고 눈을 빛

후지쯔의 업적 추이와 성과주의

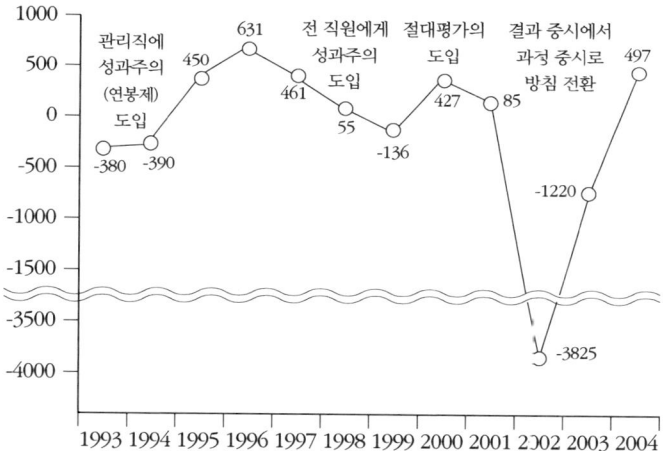

후지쯔의 과거 12년간 최종 손익이다. 관리직에 연봉제를 도입한 직후에는 업적이 향상됐으나 그후에는 계속 떨어졌다. 2002년, 드디어 3825억 엔이라는 최대 적자를 계상했다.

냈다. 그러나 주가의 하락에 비례하여 응모자들의 질과 양은 현저히 떨어졌다. 2003년에는 응모자 중에서 대졸자의 비율이 50퍼센트를 밑돌았으며, 직무 경력자도 더 이상 늘어나지 않았다. 인사의 현장에 있던 나는 무엇보다 이 현실이 놀라웠다.

응모자들의 서류를 들춰보면 보나마나 타사에서 해고된 사람들이거나 하청 기업인 중소 IT 기업 출신자들뿐이었다. 업계의 우수 직원을 뽑는다는 청사진은 이것으로 완전히 무너지고 말았다. 반대로 후지쯔의 우수한 직원들은 다른 회사로 스카우트 되었다.

도대체 왜 이런 말도 안 되는 일이 벌어졌을까?

수많은 이유가 있겠지만 무엇보다 성과주의가 문제였다고 나는 생각한다. 물론 성과주의 자체가 나쁘다고 단언할 수 없다. 그러나 후지쯔의 성과주의는 전혀 제 기능을 하지 못했다.

낮에도 컴컴한 가와사키 공장

2001년 8월 20일 후지쯔는 대규모 구조조정 안을 발표했다. 일본과 해외에 있는 공장을 통폐합하고, 컴퓨터용 하드디스크 사업에서 철수하고, 프린터 사업 등을 축소하며, 이에 따라 4,700명을 이동 배치한다는 것이었다. 이를 통해 2003년에는 4,000억 엔의 영업 흑자를 올린다고 했으나 그 목표는 결국 달성되지 못했다.

도대체 무엇이 원인이었을까?

주가의 급락과 업적의 하향 수정의 최대 원인은 IT 거품의 붕괴와 장기화된 불황이 크게 작용했다. 특히 전기 업체들은 2001년의 IT 거품 붕괴로 인해 어느 회사든지 비슷한 충격을 경험했다. 그러나 불황이라고 해도 시장에는 확실한 승자가 있었다. 후지쯔는 분명 그 반대편에 서 있었다. 게다가 처음부터 패자였던 게 아니라 2000년 이전에는 승자 중의 최고였기 때문에 실질적으로 타사의 배 이상 패배했다고 할 수 있다.

2004년 4월에 발표된 2003년도 결산 '2003'에서는 약 500억 엔의 흑자를 기록했으나 아직까지 완전히 회복된 것은 아니며, 재무 상황도 여전히 심각하다. 이 흑자도 3년 연속 적자를 극복한다는 명분 아래 체면도 다 벗어 던지고 직원들의 임금이나 잉여금까지 손을 대고, 손발을 잘라 팔듯 자회사 주식을 매각한 결과였다.

지금 개발 부문의 중심인 가와사키 공장에 발을 들여놓으면 복도의 형광등이 일정한 간격으로 꺼져 있어 낮에도 캄캄하다. 일부 건물에서는 치한이 나온다는 소문까지 있다. 근처에 밀집돼 있는 직원 숙소에서는 한여름 평일 낮에 에어컨을 완전히 꺼놓기 때문에 몸이 안 좋아 결근한 사람은 근처 패밀리 레스토랑에서 밤이 되기를 기다린다. 이런 상태에서 아무리 경영진이 "경영 상황이 회복하고 있다"고 말해도 직원들이 실감하겠는가.

일본 컴퓨터 제1호를 개발한 기술력과 장인 정신은 이제 후지쯔 어디에서도 느낄 수 없다.

2. 직원들, 의욕을 상실하다

처음부터 정해진 평가의 할당

후지쯔의 성과주의(통칭 신인사제도)는 1998년부터 제도상의 결함이 드러나기 시작했다. 직원들은 반년마다 직속 상사인 과장과의 면담을 통해 자신의 목표 달성에 대한 평가를 받게 된다.

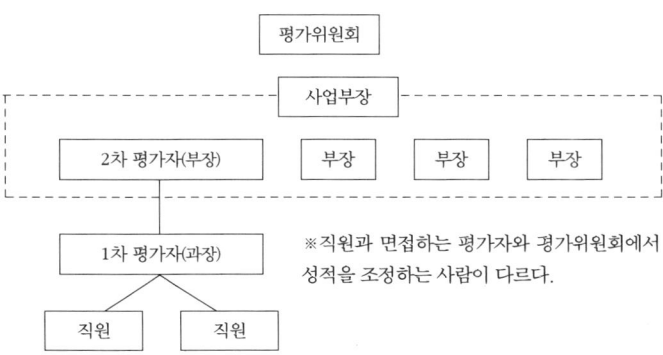

※직원과 면접하는 평가자와 경가위원회에서 성적을 조정하는 사람이 다르다.

직속 상사인 1차 평가자는 평가위원회에 참석할 수 없었으므로 어떤 과정을 통해 평가가 내려졌는지 아무도 모른다.

목표를 달성했으면 당연히 'A', 그 이상이면 'SA'가 된다. 여기까지는 당연한 흐름이지만, 그후에 '평가위원회'라는 회의가 열린다.

평가위원회라고 하면 대단한 것처럼 들릴지 모르나, 이것은 단순한 조정 회의였다. 각 평가자 간의 '평가 기준의 차이'를 조정하는 것이다. 이 회의는 보다 큰 조직 단위(보통 '사업부'라고 부른다)별로 구성되어 각 부장과 사업부장이 평가를 조정했다. 그런데 놀랍게도 SA에서 E까지의 각 평가는 사전에 인사부가 결정한 분포 비율에 따라 할당돼 있었다. SA가 10퍼센트, A가 20퍼센트, B가 50퍼센트, C가 15~20퍼센트, E는 거의 0이라는 비율이었다. 이것은 목표관리제도의 취지와 전혀 맞지 않는 방식이었다. 만약 직원 모두가 각자의 목표를 달성했다고 해도 결국은 다른 부원들과의 '상대평가'로 순위가 매겨졌다. 즉, 실제로는 평가위원회에서 각 1차 평가자가 내린 평가—대부분은 크게 규정 분포율을 웃돌고 있었다—자료를 받아 틀 속에 끼워 맞추는 것이다. 미리 정해진 틀을 넘어서면 SA에서 A로, A에서 B로, 평가 점수가 떨어져버렸다. 당연히 하향 조정된 직원들은 이 결과를 납득할 수 없었다.

형식적인 목표 시트 평가

나는 대학에서 노동법을 공부했기 때문에 전문성을 살릴 수 있는 법무 또는 인사 부서를 지망했다. 법무 부서는 워낙 적은 수가 뽑히는 만큼 인사부로 발령받았을 때 아주 기뻐했던 일을 아직도 기억하고 있다. 단, 부서에 배치받기 전 2개월 동안은 다음해 신입 사원 모집을 위한 홍보 활동에 참여했다. 당시 나는 신입 사원이라 회사에 대해 아무것도 모르는 상태에서 학생들에게 "저희 회사의 성과주의는 훌륭한 시스템입니다"라고 떠들어댔으니 지금 생각하면 나 자신에게 화가 난다. 나 역시 입사 1년 전에 당시 신입 사원에게 '성과주의'의 훌륭함에 대한 얘기를 들었다.

2개월의 연수 기간을 거쳐 인사부로 배치된 사람은 800명 중 14명. 동기들은 도쿄 마루노우치(당시)의 본사, 도쿄 내의 사무소 등에 배치되었고, 내가 배치된 곳은 기술 부문의 총본산이라고 할 수 있는 가나가와 현의 가와사키 공장이었다. 그곳에서는 주로 "병에 걸렸는데 연차휴가가 없다", "부모님을 간호해야 하니 시간제 근무로 바꿔 달라" 등의 상담이나 불만 사항을 접수하는 업무를 맡았다. 그러면서 성과주의에 대한 직원들의 불만을 알게 되었다.

내가 처음으로 성과주의에 의문을 가지게 된 것은 1998년 12월이었다. 그때 직원들의 상여금 지급 업무를 도왔는데, 선배들 어느 누구도 목표 시트를 제대로 체크하지 않았다. 각 부서의 목표 시트는 방대한 양의 엑셀 데이터로 인사부에 넘어왔으므로 그것을 하나하나 보려면 당연히 시간이 모자랐다. 그래서인지 대부분 초과근무 시간과 연차휴가, 그리고 근태(병가, 무단결근

등의 유급 휴가 외의 결근) 숫자만 체크했다. '이렇게 한다면 목표관리란 유명무실한 게 아닌가?'라고도 생각했지만 그런 말을 입 밖에 낼 만한 시간적·정신적 여유가 없었다.

여기서 목표 시트에 대해 설명하자면, 개인의 목표를 최소 3개, 최대 10개까지 쓰도록 되어 있었다. 그래서 평균 5개 정도의 목표가 나열되고, 하나의 목표는 약 400자 정도, 짧은 경우에는 200자 정도로 서술돼 있었다. 기초에 목표를 세워 기말에 본인이 각각의 목표에 대해 코멘트를 적었다. 이 자기평가를 바탕으로 직속 상사(1차 평가자)와 면접을 하면, 평가자가 그 옆에 의견을 달았고(50자 정도) 이 의견을 바탕으로 다시 2차 평가자가 평가를 매겼다. 이렇게 하면 A3 용지가 깨알 같은 글씨로 가득 찬다. 물론 그림이나 사진 같은 것은 사용할 수 없으니, 읽기 힘든 것은 말할 것도 없다. 당연히 아무도 읽지 않았다.

피드백은 없다

"매출 목표는 달성했다. 그것을 위해 노력했다고 생각하고, 과장님과의 면접 때에도 A평가를 받았다."

도쿄 내의 유통 계열 시스템 영업을 담당하는 젊은 직원은 이렇게 불만을 털어놓았다. 그는 과장과의 면접 후 평가위원회에서 성적이 A에서 B로 내려갔다. 그런데 그게 처음이 아니었다. 목표관리를 시작한 이래로 다섯 번이나 그런 일이 있었다. 게다가 상사한테서 그 이유를 듣는 순간 아연실색했다고 분통을 터뜨렸다. 들은 이유라는 것이 아연실색할 만한 것이었다고 한다.

"나중에 과장님에게 확인했더니 '난 참석하지 않았기 때문에 아무것도 모른다. 나도 납득할 수 없다. 이번만 참아라'는 말만 합니다. 나와 거의 얼굴 마주칠 일도 없는 부장들이 일방적으로 평가를 결정하는 모양인데, 부장들이 부원들의 담당 업무를 확실하게 파악이나 하고 있는지 의심스럽습니다."

평가위원회에서 확정된 성적은 관리직을 통해 직원에게 통보된다. 성적뿐만이 아니라, 어떤 평가를 받았는지, 무엇이 부족했는지도 상세하게 통보하도록 되어 있다. 그러나 직원의 목표달성 여부가 아닌, 위원회의 조정에 의해 '나중에 내려진 평가'를 성과주의라고 부를 수는 없을 것이다.

"이 점은 좋았지만 이 점이 모자란다", "이 개선책은 이런 방법이 더 낫지 않겠는가" 등의 피드백이 가능해야 목표관리의 절차가 효력을 발휘하게 된다. 그래야 평가에 불만이 있어도 자신에게 돌아온 의견서를 보면서 납득할 수 있는 것이다. 그러나 과장은 회의에 참석하지 못하기 때문에 성적 하향 조정에 대한 이유를 설명할 수 없었다. 아마 회의에 참석했다 해도 그 이유를 설명할 수 없었을 것이다.

무시되는 목표 시트

퍼스널 비즈니스 사업본부라고 불리는 PC 개발에 판촉을 담당하는 사업본부가 있다. 이 사업본부는 10개가량의 사업부로 구성된 거대한 본부인데, 그중 한 사업부에서 나는 처음으로 평가위원회에 참석하게 되었다. 평가위원회에는 사업부장 이하 모든 부장과 인사 담당자가 참석하도록 되어 있었다.

각 참석자 앞에는 깨알 같은 글씨가 인쇄된 A3 용지가 쌓여 있었다. 그 사업부원들이 200여 명 정도였으니 목표 시트는 거의 1,000여 장에 가까웠을 것이다.

"목표 시트가 너무 많군."

첫마디를 이렇게 시작한 사업부장은 귀찮다는 듯이 목표 시트 다발을 테이블 구석으로 밀어버렸다. 물론 내용에 눈길조차 주지 않았다. 그러더니 부서별로 평가 상황이 정리된 A4 용지를 집어 들었다. 거기에는 부서별 평가 순위와 이름이 간단하게 정리돼 있었다. 내가 각 부서별 분포도를 한눈에 볼 수 있도록 정리한 것인데, 참석자들은 당연하다는 듯이 그것만 보았다.

본부장이 "그럼 각 부장님들, 평가에 대해 간단하게 설명해주십시오"라고 말하자, 연공서열이 상위에 있는 부장부터 발언이 시작되었다. 부장들은 자기 부서가 얼마나 중책을 맡고 있는지, 자신의 직원들의 얼마나 노력하고 있는지를 간단하게 설명했다. 그런데 서열이 낮은 부장일수록 다른 부장들의 반론도 그만큼 많아졌고, 마지막 신임 부장의 경우에는 10명이나 되는 부하 직원의 성적을 하향 조정해야 했다. 성과주의가 결국 연공서열에 의해 평가되고 있었던 것이다!

평가회의는 관리직 간의 조커 미루기

여기서 주목해야 할 것은 회의 중에 어느 누구도 자기 앞의 목표 시트에 눈길을 주지 않았다는 점이다. 그들은 각 직원들의 목표는커녕 담당 업무나 실적조차 언급하지 않았다. 도대체 그들은 무엇을 조정한 걸까?

'각 부서별로 얼마나 나쁜 점수를 가져가는가'가 그 회의의 중심 사안이었다. 그 수는 연공서열이나 사업부 내의 업무 우선순위에 따라 결정됐다. 이 기본 틀만 정해지면 각 부장들은 자신의 부서로 돌아가 재량껏 최종 평가를 내릴 수 있었다. 나는 그런 의아한 상황에 대해 의문을 제기했다. 그러나 사업부장은 내 말을 완전히 무시했다.

"두 시간짜리 회의에서 전 부원들의 목표 시트를 어떻게 다 보나? 그리고 어려운 용어가 너무 많아서 무슨 말인지도 모르겠어."

이후 나는 수많은 평가위원회에 참석했지만 어디든 내용은 비슷했다. 기술 계통 사업부의 경우는 결정권자인 사업부장이 최신 전문 용어(영문자)가 대부분인 중견 직원의 목표 시트를 제대로 읽지 못하는 경우가 태반이었다.

영업이나 SE 부문은 더욱 심각했다. 이 부문은 사업부장이 있는 곳에서 각 지역의 부장들이 모여 평가위원회를 개최하는데, 한 사업부가 여러 지역에 분산돼 있어 다른 부서의 부원들은 얼굴조차 모르는 경우가 많았다. 그래서 평가를 조정할 때 중요한 사안들을 서로 미루었다.

본래 목표 설정이나 평가는 모두 평가자와 직원이 면담을 통해 서로 확인한 후 실시돼야 하는데 얼굴조차 모르는 부장들이 평가를 내리니 누가 봐도 합리적인 제도라 할 수 없을 것이다. 그러니 "나는 참석하지 않아 알 수 없다"라는 명언이 나올 수밖에 없다. 이 명언을 들은 젊은 직원은 한숨을 쉬며 이렇게 말했다.

"영업 조직은 담당 제품이나 고객의 종류에 따라 나뉩니다. 추측이긴 하지만 우리 부서는 오래된 제품을 지원하는 일이 중심이기 때문에 다른 부서보다 매출이 많을 수 없어요. 사업부 내에서도 입지가 약하죠. 그러니 처음부터 나는 패자입니다. 목표를 향해 아무리 노력해도, 피드백 받은 나의 부족한 점을 개선한다 해도 아무 소용없습니다. 돈벌이가 안 되는 부서에 있는 직원들은 결국 뭘 해도 안 되는 거죠. 동료들은 열심히 해도 아무 보상도 받을 수 없는 현실에 지쳐 있습니다."

너는 처음부터 B급 직원

목표를 어느 정도 수치화할 수 있는 영업 부문은 그래도 나은 편이다. 기술 개발 부문의 평가는 더 심하게 왜곡돼 있었다.

"개발 부문은 본래 개개의 작업이 명확하게 나뉘어 있지 않아요. 각각의 라인별로 팀이 있고 그 팀이 모여 부서를 만들고 그 부서가 모인 사업부에서 하나의 제품이 완성되죠. 세분화된 목표를 만들라는 것 자체가 억지예요. 그러니 다른 부문보다 더 심각한 일들이 일어날 수밖에요."

가와사키 공장의 하드웨어 부문 개발 엔지니어로 일하는 중견 사원의 지적이다. 이 사람은 전문 고등학교 출신으로 13년차였으며, 목표관리제도의 도입 이전과 이후를 모두 체험했다.

"신제도 도입 후 예전에는 팀 단위로 목표를 설정해 일하던 직원들이 자기만의 목표에 집착하게 됐어요. 이 문제가 가장 큽니다. 무엇이 필요한 작업인지는 실제로 해보지 않으면 알 수 없어요. 그런데도 6개월 전에 목표를 세우라는 건 말이 안 되죠. 현장에서는 목표 시트에 적을 수 없는 틈새 업무가 오히려 더 많아요. 제품에 문제가 생기거나 사양이 변경되는, '누구의 목표 시트에도 적을 수 없는' 일이 매일 일어납니다. 그런데 목표관리제도가 도입된 후에는 아무도 그런 일을 하려고 하지 않아요. 직장 분위기가 1년 만에 완전히 변해버렸어요."

변한 건 분위기만이 아니다. 회사에 대한 의식도 완전히 변했다.

"우리 부서에 나와 같은 나이의 국립대학 석사 출신 직원이 있어요. 똑같이 일해서 같은 성과를 올렸다고 생각했는데, 그 사람의 평가가 항상 높았죠. 중요한 건 그가 사업부의 간부 후보라는 거예요."

앞에서 말한 것처럼 각 기말의 평가는 상여뿐만 아니라 봄의 승급이나 승진에도 반영된다. 예를 들면 관리직으로 승급하기 위해서는 '과거 4기 연속 A 이상'이라는 엄격한 기준이 있어 한 번이라도 기준 성적을 밑돌면 출세의 길은 멀어진다. 그래서 '간부 후보 육성'이라는 미명하에 새로운 차별이 등장하게 된다. 실력주의여야 하는 목표관리제도가 노골적으로 학력 차별을 부추기게 된 것이다.

"출세라든가 보너스 같은 건 상관없어요. 무엇보다 저를 힘들게 하는 건 기초에 결과를 예상하고 목표를 세워 그것을 기말에 형식적으로 평가하는 거지요. 옛날에도 차별은 있었어요. 명확한 목표라든가 담당 업무는 없어도 신뢰감이 회사와 직원 사이에 있었죠. 그래서 차이가 나도 설명을 들어보면 '확실히 잘하는 사람은 일하는 게 다르구나'라고 납득하고 넘어가는 일이 많았어요. 하지만 목표관리로 바뀌고 나서는 그런 생각이 완전히 사라졌어요. 목표를 달성해도 나는 '처음부터 B급 직원'이니까요."

품질 저하와 직원들의 반목

후지쯔 성과주의의 문제가 회사 내에 머물렀다면 어떤 방법이라도 찾을 수 있었을 것이다. 그러나 그 영향이 고객에 미치자 문제는 걷잡을 수 없이 커져버렸다.

"요즘 후지쯔 제품은 품질이 좋지 않다"는 목소리가 심심치 않게 들리기 시작했다.

후지쯔에는 그룹 외 기업에서 사들인 부품의 품질을 체크하는 부서가 있다. 여기서 오랫동안 품질관리를 해오던 어느 중견 사원은 '목표'에 대해 이런 말을 했다.

"우리 같은 부서에서는 목표를 수치로 만들기 어려워. 아무 문제 없이 통과하는 것이 가장 좋기 때문이지. 또 그쪽이 일하기도 편해. 그런데 무리해서 목표를 세우게 되자 예전처럼 어떤 작은 장애라도 찾아내야 한다는 마음가짐이 사라져버렸어."

그는 목표관리제도로 바뀌고 나서 "눈에 띄게 직원들의 의식이 변했다"고 말한다.

"'일을 해낸다'는 목적의식이 어느새 '단순히 목표를 달성한다'는 사무적인 것으로 변해버렸어."

이 말이 의미하는 바는 아주 크다. 목표가 완전히 본인이 수행해야 할 업무에 따른 것이라면 문제 없지만 단순히 나부 목표로 향하게 되면 제품의 품질 저하의 원인이 되기 때문이다.

그렇지 않아도 변화가 심한 IT 업계에서 6개월 후의 계획을 세우고 유지한다는 것은 불가능에 가깝다. 설사 처음에 완벽한 목표를 세웠다고 해도 그것이 6개월 후에도 유효하다고 누가 장담할 수 있는가. 업계의 동향, 라이벌 기업의 움직임. 또 시장의 상황에 따라 목표는 변한다. 처음부터 확정된 목표를 세워버리면 이 움직임에 대응할 수 없다. 목표라는 것은 세우기 전과 후에 반드시 '차이'가 발생하는 법이다.

"이제 아무도 이 차이를 메우려 하지 않아. 당연히 품질 체크도 소홀해졌지. 정말이지 성과주의에는 좋은 점이 하나도 없어."

그는 이렇게 말을 끝냈다.

전기 제조 업체의 기반은 기술자의 질과 의식이다. 특히 기술자는 자신의 업무를 수행할 때 항상 높은 안테나를 세우고 있어야 한다. 이것을 잃으면 기술자는 단순 오퍼레이터로 전락한다.

개발 기술 부문이 성과주의로 술렁이고 있는 반면, 사무직 부문에서는 성과주의의 혜택을 듬뿍 받은 직원이 나타났다.

"입사 후 5년 동안 항상 A 아니면 SA 평가만 받았습니다."

같은 개발 부문이지만 생산관리에 속하는 어느 사무계 직원의 말이다. 그가 있는 부서는 '돈'과 관련돼 있으며, 신입 채용자는 5, 6년에 한 명 정도였다. 실제로 그와 가장 연차가 가까운 선배는 거품 경제 시기까지 거슬러 올라가지 않으면 없고, 그가 배치된 이후에 신입 사원은 아직 한 명도 들어오지 않았다. 이 보기 드문 환경이 그에게 더없이 좋은 대우를 가져다주었다.

"사업부 내에 같은 세대 직원이 없기 때문에 평가 분포에 구애받지 않는 평가를 받고 있습니다. 목표관리제도 적용자가 된 후에도 '우대받고 있다'는 생각이 들었습니다. 간부 후보는 저밖에 없으니까요".

이것은 후지쯔의 기반인 스토리지storage나 서버sever 개발 본부에 있는 사람들이 들으면 격분할 만한 발언이다. 그런 부서에서는 유명 대학의 석사급 신입 사원들의 과도한 경쟁이 강요되고 있기 때문이다. 성과주의는 이렇게 직원들의 반목뿐 아니라 제품의 품질 저하를 가져왔다.

인건비를 줄이기 위한 재량노동제

후지쯔 직원들에게 평판이 안 좋았던 것 중에는 재량노동제도 있다.

앞에서 말한 것처럼 재량노동제는 시간에 구애받지 않는 근무제도이기 때문에 잘만 적용하면 직원들이 자유롭게 성과에 매진할 수 있어 생산성 향상에 도움이 된다. 그러나 후지쯔의 경우에는 이 제도의 단점만이 분출되었다. 원래 이 제도는 근무 시간이 자유로운 반면, 시간급을 기본으로 하지 않기 때문에 시간외근무수당이라는 것이 없다. 즉, 경영자들에게 가장 많은 혜택이 돌아가는 제도다. 그래서 많은 업종에서 이 제도를 채택하고 있으며 이 흐름은 계속될 것으로 보인다.

불경기 때 기업들은 인건비를 조금이라도 줄이기 위해 애쓴다. 후지쯔의 경우도 예외는 아니었지만 이 제도를 운용하는 방법이 너무 노골적이었다. 인사부에서 '절도 있게 은용'하라는 지시가 매년 내려지는데, 결과적으로 그것이 직원들에게 정시 출근이나 일정 시간 초과근무를 요구하는 상황이 되었다. 나도 초과근무 시간이 많다는 이유로 재량노동제 적용을 강요받았다가, 출근 시간이 늦어지자 통상 근무로 다시 되돌려진 경우를 몇 번이나 보았다.

후지쯔의 인사부에서 말하는 절도 있는 운용이란 '정시 출근, 정시 퇴근, 초과근무 금지'였다. 이것은 재량노동제의 목적인 '담당 업무에 맞춘 근무 형태의 자유로운 운용'과는 전혀 다른 것이다.

만약 후지쯔 직원이 '밤부터 작업을 시작하는 경우에는 오후에 출근해도 됩니까? 재량노동제 때문에 시간외근무수당도 받을 수 없는데 그래도 될까요?'라고 상사에게 말하면, 그는 '도대체 무슨 말을 하는 거야?'라는 표정을 지을 것이다. 그 상사는 재량노동제를 '시간외근무수당이 나오지 않는 근무 형태' 정도로만 인식하고 있으니까.

만약 어느 직원의 근무 태도가 업무에 나쁜 영향을 미치고 있다면 관리자가 확실하게 지도하면 될 일이다. 그래도 시정이 안되면 평가 성적에 반영하면 된다. 그렇게 할 수 없다면 그건 관리자 능력의 문제이지, 인사부에서 일률적으로 통제할 일은 아니다.

회사는 "재량노동제 적용자는, 시간외근무수당은 받을 수 없지만 근무 시간을 유연하게 활용할 수 있습니다. 그러므로 재량노동제는 직원과 회사 모두에게 이익이 됩니다"라고 설명하며 조합에 실질적인 임금 삭감을 승인받았다. 그러면서 '아침에 정시 출근, 시간외근무'를 암암리에 강요했으니 조직적인 사기라고밖에는 표현할 말이 없다.

사기극에 협조하기 싫다

"연초에 재량노동제 적용자에 대한 재검토가 있어요. 적용자 선발에 이런저런 기준이 있긴 하지만 실제로는 간단하죠. '초과근무 시간이 많은 사람에게는 적용하고 적은 사람에게는 적용하지 않는다.' 이것뿐이에요. 중요한 건 얼마나 인건비를 줄이냐는 거죠."

가와사키 공장의 중견 엔지니어의 말이다. 그의 사업부서는 매년 봄, 상사와 직원이 전년도 시간외근무 실적에 관해 회의를 했고, 여기서 올해 재량노동제 적용 유무를 결정했다고 한다. 그는 그 결정 방법이 "사기에 가깝다"고 말한다.

"개발팀 내에서 어떤 문제가 생기면 질이 안 좋은 관리자는 그 일을 재량노동제 적용자에게 미뤄버립니다. 이렇게 하면 그 사람이 아무리 초과근무를 해도 추가 비용이 나갈 염려가 없거든요. 게다가 그 관리자는 그 상황에 대한 책임 추궁도 면할 수 있고요. 뭐, 대부분 그런 프로젝트는 직원들이 의욕 없이 일하기 때문에 결국 엉망이 되죠."

그는 매일 출퇴근 시간을 수첩에 기록했다고 한다.

"슬픈 일이지만, 무슨 일이 생길 수도 있다고 생각하니 기록하게 되더라고요. 아무렇지 않게 근로기준법에도 없는 시간외근무를 강요하는 회사이고, 회사에서 기록하는 숫자도 도저히 믿을 수 없었거든요."

그는 몇 년 동안 통상적인 근무 시기에는 의도적으로 시간외근무 시간을 늘리고, 재량노동제가 되자마자 정시에 퇴근해버렸다고 한다. 시간외근무수당을 원해서가 아니다. "단지 회사가 미웠다"고 그는 말한다.

그가 갑자기 회사를 그만둔다고 했을 때 나는 그가 더 이상 참을 수 없는 상태였기 때문이라고 생각했다. 그런데 그의 퇴사 이유는 다른 데 있었다.

"재량노동제도 물론 이유이긴 하지요. 시간외근무 조정이라든가 목표관리도 문제지만 원래 제 업무 외의 일에까지 신경 써야 하는 데는 정말 질려버렸죠. 그러나 제가 그만두는 가장 큰 이유는 과장으로 진급했기 때문이에요. 물론 좋은 평가를 받았다는 건 기쁜 일이죠. 하지만 나는 과장이 되어 회사의 사기극에 협력하고 싶지 않습니다."

이런 일들로 인해 많은 우수한 엔지니어들이 후지쯔를 떠났다.

20퍼센트나 상승한 인건비의 모순

회사 내부의 변화를 가장 먼저 감지한 곳은 인사부였다. 그들이 매달 작성하는 통계에 젊은 직원의 높은 이직률과 20퍼센트에 가까운 인건비 상승이 기록되었다. 처음에는 단지 '그럴 수도 있는 일'이라고 대수롭지 않게 생각했으나 2년이 지나자 그 숫자는 무시할 수 없을 만큼 불어났다.

성과주의로 인해 직원들의 의욕이 상승하고, 합리적인 인사제도는 직원들에게 충분한 만족감을 줄 거라고 믿었던 인사부에서도 2000년 무렵에는 자신들의 생각이 빗나가고 있다는 것을 감지하기 시작했다. 의욕은 물론 애사심조차 찾아볼 수 없었다.

물론 후지쯔 같은 큰 조직에는 늘 불평분자가 존재한다. 어떤 조직도 만족시킬 수 있는 완벽한 제도는 없으니까. 게다가 규모가 크면 클수록 제도의 모순도 클 수밖에 없다. 중요한 건 제도의 모순을 최대한 줄여 조직이 흩어지지 않게 하는 것이다. 후지쯔의 신인사제도도 이런 맥락에서 시작됐다. 그러나 쿨과 몇 년 만에 불평분자들을 대량생산하는 제도가 돼버렸다. 생산성이 높아진 건 불평분자를 생산한 것밖에 없다는 농담도 지나치지 않다. 인터넷상에서도 직원들의 불만이 터져 나왔다. 그 비판의 과녁이 '선진적이고 완벽한 인사제도'에 집중되자 인사부도 점점 초조해하기 시작했다.

인건비 증가는 인사부에서 전혀 예상하지 못한 일이었다. 그러나 현장에서는 초기부터 그 병폐가 나타나고 있었다.

재량노동제와 통상근무 중에서 어느 쪽을 선택할지는 표면상 본인의 의사에 달려 있었다. 물론 앞에서 말한 것처럼 강요받는 경우도 많았지만, 능력 있는 직원이라면 재량노동제를 선택하는 편이 이득이다. 왜냐하면 시간외근무수당이 없어도 성과가 올라가면 상여금이 크게 올라가기 때문이다. 그 상승분으로 시간외근무수당이 없어진 부분을 대신할 수 있다. 그러나 능력 있는 직원, 즉 슈퍼 퍼포머가 도대체 몇 명이나 될까? 인사부에서 만든 비율을 준수하자면 열 명 중 한 명 정도일 것이다. 그렇다면 나머지 평범한 퍼포머들은 어떤 것을 선택할까?

처음부터 높은 평가를 받을 수 있다고 생각한 직원들은 스스로 재량노동제를 선택하여 실제로 높은 평가와 많은 상여금을 손에 넣었다. 그러나 자신은 높은 평가를 받을 수 없다고 자각한 직원들은 재량노동제를 그만두었다. 평가를 포기하는 대신 매달 시간외근무를 억지로 연장하는 데 전념하기 시작했다.

전자는 업무를 효율화하는 데 전념했지만 후자는 시간만 질질 끌면서 초과근무를 되풀이했다. 이렇게 되자 전체 업무의 효율화는커녕 양자 간의 반목만 쌓여갔다. 당연히 생산성은 떨어졌다. 능력 있는 직원과 그렇지 않은 직원의 급여는 별 차이— 특히 근속 연수가 길고 기본급이 높은 세대는 역전도 흔했다— 가 없었다. 결국 전체적인 인건비만 올라갔다.

내란内亂 상태에 빠진 직장

인건비 증가만이라면 눈을 감아버리면 된다. 그러나 더 심각한 문제가 남아 있었다.

아래 직원에 대한 상사의 불만 그리고 상사에 대한 직원들의 불만이 일촉즉발의 상황으로 치달았다. 직장이 전쟁터가 돼버렸다.

재량노동제를 선택하지 않은 직원이 어쩌다 높은 성과를 올렸다고 하자. 그런 경우에 상사는 어떤 평가를 내릴까? 아마 처음부터 그 성과에 상응하는 평가 점수를 줄 생각이 없었을 것이다. 상사의 입장에서 보면 매달 시간외근무수당을 받아가며 극진한 대우를 받고—상사들은 그렇게 생각했다—있는 직원들보다는 평가 성적에 따라 상여 금액이 크게 좌우되는 재량노동제 적용 직원에게 먼저 좋은 성적을 주고 싶었을 테니까.

관리직에는 이미 연봉제가 도입돼 시간외근무수당이 없었다. 그러니 관리자 입장에서는 같은 시간을 일하더라도 재량노동제를 선택하지 않은 직원들을 일이나 질질 끌며 시간외근무수당만 벌려고 하는 사람들로 볼 수밖에 없었다. 반대로 재량노동제를 선택한 직원들은 회사와 자신을 위해 '멸사봉공'하는 사람들이었다.

평가위원회에서도 '재량노동제를 선택한 직원부터 우선 A 이상의 평가를 할당'하는 사업부장이 많았다. 또 부장들은 낮은 평가 대상을 서로 미루다가 아무도 양보하지 않으면 '이 사람은 재량노동제를 하는 사람이 아니다'라는 이유로 평가를 낮췄다. 그런 일이 너무 많았다. 재량노동제를 선택하지 않은 직원들은 최고 평가인 SA를 거의 받을 수 없었다.

직원 입장에서 이것은 분명한 차별이었다. 고의적으로 왜곡된 평가가 상여뿐 아니라 승급이나 승진에도 영향을 미쳤으므로 차별받은 직원들의 불만은 대단할 수밖에 없었다. 재량노동제 적용자들은 순조로운 출세의 길을 걸어갔지만 일반 근무자들은 아무리 성과를 올려도 계속 낮은 임금만 받았다.

그런데 재량노동제 적용자들이 특별한 혜택을 받고 있었나 하면 그건 또 아니었다. 왜냐하면 직원들에게는 아무런 '재량'도 주어지지 않았기 때문이다. 자진해서 재량노동제를 선택한 어느 기술자는 이렇게 말한다.

"애당초 직원들의 재량이란 건 전혀 없었어요. 하나의 업무에 팀 단위로 인원이 배치되기 때문이죠. 재량노동제라는 명분하에 수당만 잘라버린 겁니다."

업무 분담을 명확히 하여 개인의 재량을 대폭 늘려야 비로소 성과를 평가할 수 있는 토양이 만들어진다고 그는 말한다.

"지금까지 직원들은 자기 업무를 수행하면서 동시에 팀 단위의 성과를 위해 일했습니다. 그것이 최고라고 말할 수는 없지만, 그 때문에 모두가 함께 초과근무도 하고 연차를 제멋대로 사용하지 않는 문화가 만들어진 거지요. 그런데 멀리 떨어진 본사 건물 꼭대기에서 하품만 하고 있는 인사부 놈들이 현장의 생리도 모르면서 목표관리니, 재량노동제니 하면서 직원들을 갈가리 찢고 있어요."

평가에서 혜택을 받고 있다고 여겨지던 재량노동제 적용자들 사이에서도 불만이 쌓이고 있었으며, 이로 인해 회사 내부는 내란 직전의 양상을 보이게 되었다.

평가의 인플레이션

불평분자들이 증가하자 회사는 당연한 것처럼 '평가의 할당'을 폐지했다. 상대평가를 절대평가로 바꾼 것이다. 이것은 성과주의를 도입한 이후 인사부에서 취한 몇 안 되는 개선책이다.

간단히 말하면 A는 몇 퍼센트, B는 몇 퍼센트라는 할당 없이 목표 달성도에 따라 자유로운 평가가 가능해진 것이다. 하지만 이것도 성적 분포를 본부에서 자유롭게 설정할 수 있다는 것일 뿐 상여의 평균 지급액은 '전체 본부가 일률적이어야 한다'는 규정에 묶여 유명무실화됐다. 말하자면 이제까지의 A가 실제로는 B에 가까운 가치밖에 지니지 않게 된 것이다.

절대평가는 적용의 한계가 없기 때문에 여러 명에게 A를 줘도 된다. 당연히 그 수는 이전보다 늘어난다. 그러나 상여의 총액이 정해져 있기 때문에 A를 받아도 예전보다 금액이 내려간다. 그래서 높은 점수가 많은 본부에서는 자연히 평가의 인플레이션 현상이 일어난다.

나중에 자세히 설명하겠지만, 열심히 일해서 목표를 달성한 직원이 많은 본부에서는 직원들의 상여 금액이 평가보다 적어지는 말도 안 되는 현상이 일어났다. 본부 직원들 대부분이 SA, A였던 것이다. 이런 현상이 계속되자 결국 다시 상대평가로 돌아가버렸다.

게다가 시간이 좀 지나자 인사부의 이 무의미한 가선책은 어마어마한 부작용을 드러냈다.

첫 번째는, 각 사업부별로 격차가 넓어져 직원들의 사기가 현저히 떨어졌다. 본부장의 의향에 의해 평가가 실시되자 사업부별로 큰 차이가 나기 시작했다. 즉, 매출에 직접적인 영향을 미치는 부서와 그렇지 않은 부서의 차이에 따라 처음부터 평가의 우열이 결정돼버렸다.

일반적으로 개발이 종료된 제품의 보수나 고객 지원을 담당하는 부서의 평가는 차기 제품의 개발이나 영업부보다 훨씬 낮았다. 같은 본부 소속이라 해도 고객 지원을 담당하는 직원들은 아무리 노력해도 A를 받을 수 없었다. 그들은 자신들이 제대로 대우받지 못할 뿐 아니라 그저 다른 부서의 평가를 올리기 위한 '발판'으로 취급되고 있다는 것을 깨달았다(자신의 부서가 '발판' 역할을 하는 부서인지 아닌지를 알려면 신입 사원의 수를 보면 된다. 3년간 신입 사원이 배치되지 않았다면 그 사업부는 발판일 가능성이 크다).

스토리지 생산 사업본부의 경우, 가와사키에 있는 차기 제품 개발 부서의 직원들에게는 후한 점수를 주었지만, 같은 본부 소속인 나가노 공장의 제조 기술 부서에는 낮은 점수를 주었다. 전자에는 A 이상이 항상 80퍼센트를 넘었지만, 후자에서는 심한 경우 40퍼센트도 채 되지 않았다. 어떤 의도로 이만큼 차이를 두었는지 모르겠지만 이 사업본부는 나중에 붕괴 직전 상태에 이르렀다.

이후 나가노 공장은 피비린내 나는 대규모 구조조정을 실시해야만 했다. 그때도 신인사제도로 평가된 점수가 구조조정 대상자 선별에 크게 활용되었다. 그 공장의 기술자들은 재직 중에는 낮은 평가를 강요당하면서 발판이 되었고, 마지막에는 그렇게 누적된 점수로 인해 잘렸다.

각종 미디어에서 조사한 후지쯔의 고객만족도(CS)가 떨어지기 시작한 데는 다 그럴 만한 이유가 있었다.

우리 회사는 능력 있는 직원뿐

상대평가에서 절대평가로 바뀌면서 발생한 두 번째 부작용은 평가 자체의 인플레이션 현상이다.

이것이 발생한 원인은 성과주의 때문이 아니라 일본의 기업 문화, 더 자세히 말하자면 삶의 방식에 문제가 있었다. 이제까지 연공서열제도와 종신고용으로 보호받아온 일본인들은 진정한 경쟁 사회를 마음 깊은 곳에서부터 혐오했다. 제도의 여하에 상관없이 사람을 공평하게 평가할 수 없는 것이다. 어쨌든 일본인은 사람을 평가하고 그것으로 인해 불화가 생기는 것을 극단적으로 꺼린다. 그래서 본부 단위로 절대평가가 도입돼도 오랫동안 연공서열제도에서 성장해온 관리자들의 평가에는 차이가 나지 않는다. 그들은 불화보다는 무난한 A를 선택한다.

직원의 얼굴을 마주보며 "너는 이런 점에서 목표를 달성했다고는 말하기 어렵다"라고 설명하고 토론할 기력도 없다. 직원들의 각 목표 내용을 구체적으로 이해하고, 각 개인에게 공평한 목표를 할당할 능력이 없는 관리자들이 너무 많다. 그러니 본부에서 아무리 규제를 해도 평가 점수는 인플레이션을 일으킬 수밖에 없었다. 거의 한 단계 정도 가치가 떨어졌다. 예전의 SA는 A, A는 B가 되었다.

그래서 앞서 말한 발판 부서를 제외한 대부분의 직원들이 A 이상의 평가를 받았다. 관리자들의 일종의 업무 포기로 인한 인플레이션은 서서히 진전되어 2003년 상반기에는 A 이상의 직원들이 놀랍게도 전체의 70퍼센트를 넘었다. 조만간 80퍼센트가 될 것이다.

이는 곧 후지쯔 직원은 거의 모두가 '능력 있는 직원'이라는 것을 의미한다. 회사는 슈퍼 퍼포머들로 득실거렸다. 그러나 상여의 총 지급액 자체는 변함이 없었으므로 예전부터 높은 평가를 받고 있던 직원들은 이유 없이 갑자기 상여금이 줄어들어 의아해했다.

처음에는 상여 자체가 줄었다고 생각했지만 나중에 알고 보니 주변 동료들 대부분이 자기와 같은 평가를 받고 있었던 것이다. 그리하여 지금까지는 사태를 조용히 지켜보고 있던 평가 상위층 직원들까지도 일제히 분노하게 되었다. 새로운 불평분자들의 탄생이었다.

그들은 인터넷상에 그 불만이나 울분을 토로하지 않았다. 원래 유능한 직원이었기 때문에 회사 밖에서 오라는 곳이 충분히 많았으니까. 그들은 후지쯔가 제도 개선을 위해 노력하지 않자 차례차례 다른 회사로 옮겨갔다. 이제 후지쯔에는 젊고 능력 있는 직원은 많이 남아 있지 않을 것이다.

이 평가의 인플레이션은 시스템상의 가장 치명적인 문제점에 이르게 된다. 남은 사람들 사이의 '감점減點 경쟁'이 시작된 것이다.

회사 전체가 도토리 키 재기

절대평가가 도입되기 이전에는 그래도 평가 점수를 '도전적인 목표를 달성하고서야 비로소 얻을 수 있는 것'으로 여겼다. 그러나 일단 평가의 인플레이션이 일어나자 목표 자체의 가치도 현저히 떨어졌다. 남들과 비슷하게 실수 없이 일을 하면 누구나 쉽게 달성할 수 있는 '손쉬운 목표'가 되었다.

결과적으로 목표관리제도는 모든 직원들의 '감점 경쟁'으로 변질되었다. 상사와 면담할 때 '눈에 띄는 실패'가 없다면 당연한 듯이 목표를 달성했다고 인정받았다. 자연히 누구나 실패 가능성이 적거나 금방이라도 달성할 수 있는 목표를 선택했다. 보람은 있지만 달성하기 힘든 목표 같은 건 필요 없었다. 자신의 능력의 한계를 알고 있는 사람일수록 그런 경향이 더 강했다. 이미 능력 있는 직원들은 다른 회사로 옮겨가고 있었기 때문에 이제 와서 구태여 어려운 일을 할 필요가 있겠는가. 게다가 목표만 달성하면 상위 평가를 받을 수 있는데 말이다.

과연 이런 조직에도 미래가 있을까? 나는 전혀 없다고 생각한다.

능력이 있는 영업 사원은 목표를 설정할 때 비장의 카드로 쓸 수 있는 안건은 숨겨놓고 결코 공표하지 않았다. 그리고 해당 기의 중간에 그것을 공표하여 기말에 쉽게 목표를 웃도는 성과를 올렸다.

또 '잔머리'를 잘 굴리는 엔지니어는 납기일도 쉽게 맞출 수 있고, 위험 부담도 없는 것들만 만들었다. 예전부터 높은 목표를 설정하여 높은 성과를 올리고 있던 직원들도 마찬가지였다. 물론 관리자에 따라서는 직원들에게 높은 목표를 세우게끔 독려하는 사람도 있었지만, 그 결과 낮은 상여금로 돌아왔다. 회사 전체가 도토리 키 재기였다.

회사 일부에서는 이러한 상태에 위기감을 느꼈다. 악평이 나날이 늘어가는 인사부조차도 이런 현상에 문제가 있다는 것을 알았다. 그러나 자기가 설정한 목표만 달성하면 보수는 보장되기 때문에 문제 해결은 계속 미뤄졌다. 번거로운 개혁을 '미뤄두면' 언젠가는 누군가가 나서겠지라고 생각했으니 상황이 좋아질 수 없었다.

이것이 경이적인 경제 성장을 이루어온 일본인의 정신인가? 이 사람들이 정말로 일본을 대표하는 기업의 직원들인가?

일본적인 연공서열제도를 타파한다고 하는 성과주의는 이리하여 어느새 그 출발 지점으로 되돌아가버렸다. 아니, 차라리 출발점이라면 좀 나았을지 모른다. 후지쯔의 인사부가 기회 있을 때마다 '연공서열제로 똘똘 뭉친 구식 체질'이라고 깔보던 회사들의 출발점으로 돌아가버렸다.

슬프게도 후지쯔는 이런 상황 속에서 '팀워크'나 '애사심' 등, 이제까지 연공서열제도에서 배양된 소중한 것들까지도 다 잃어버렸다. '도전 정신' '높은 기술력'도 상실해버렸다. 믿기지 않지만 불과 몇 년 사이에 일어난 일이다.

강등제도가 없었던 것이 최대의 결함

성과주의는 후지쯔를 좀먹었다. 아니, 후지쯔 직원들의 마음을 좀먹었다.

도대체 무엇이 잘못된 것일까? 왜 성과주의는 직원들의 의욕을 높이지 못했을까? 후지쯔의 신인사제도는 처음부터 중대한 결함을 안고 있었다.

사람이 일을 하는 데는 여러 가지 이유가 있다. 생활을 위해, 돈을 위해 또는 명예를 위해, 일 자체가 좋아서 등등. 그러나 기업 내로 한정하여 어떻게 '의욕=동기 부여'가 되는지를 생각하면 그 이유에는 두 가지가 있다. '강등에 대한 공포'와 '승진에 대한 기대'. 전자는 이미 일정한 지위에 오른 중간 간부들 이상에 해당되며, 후자는 신인사제도 실시 후에 입사한 신입 사원들과 중간 간부들에 해당된다.

이 두 가지를 보다 능률적으로 활용하기 위해서는 제도상의 뒷받침이 필요하다. 구체적으로 '성과가 없으면 여지 없이 강등된다'와 '성과를 올리면 젊은 직원이라도 직급을 건너뛰어 승진될 수 있다'는 두 가지 제도가 명확히 실현돼야 한다.

후지쯔 성과주의의 결함을 들자면 끝도 없겠지만 무엇보다 최대 결함은 '강등제도'가 없었다는 것이다. 처음에는 강등제도가 있었지만, 단 '2년 동안 4기 연속 C 이하의 평가를 받는다'는 누구도 상상할 수 없는 느슨한 기준이었다. 실제로 내가 아는 한 여기에 해당되는 사람은 아무도 없었다. 게다가 2002년의 제도 개정에서 이 기준은 공식적으로 없어졌다.

형명참동刑名參同의 조직학

성과급이라는 포상(賞)만 있고 강등(罰)이 없으면 인간은 어떻게 될까? 만약 인간의 본질이 '선'이 아니라 '악'이라면 틀림없이 게을러질 것이다.

여기서 중국의 격언을 끄집어내는 것이 지나치다고 생각할지 모르지만 조직에는 신상필벌信賞必罰이 중요하다. 이것은 지금으로부터 2,500년 전에 중국의 고전 『한비자韓非子』에서 조직 관리의 요점으로 제시한 것이다. 즉, 공로를 세운 자에게는 상을 주고, 실패를 범한 자에게 벌을 주지 않으면 그 조직은 규율이 없어져 결국 망한다.

후지쯔의 경영층, 인사부에는 이러한 사고가 없었다. 단순히 미국에서 트렌드가 되고 있던 '성과보수'라는 개념을 깊이 숙고하지 않고 수입했을 뿐이다.

『한비자』에는 '형명참동刑名參同'이라는 독특한 근무 평가 방식이 있다. 부하의 의견에 따라 일을 할당하고 그 의견과 성과가 일치한 자에게는 상을 내리고, 일치하지 않는 자에게는 벌을 준다. 이 방법의 독특한 점은 성과의 평가 방법이 인간의 본질을 정확하게 찌르고 있다는 점이다. 의견과 성과가 일치하지 않는 경우는 두 가지가 있다.

첫 번째가 '의견 이하의 성과밖에 올리지 못한 경우', 두 번째는 '의견 이상의 성과를 올린 경우'다. 『한비자』에는 이 두 가지 모두 벌을 내리라고 말한다. 첫 번째 경우야 벌을 내리는 게 당연하지만, 두 번째 경우는 좀 의아하다고 생각하는 사람이 많을 것이다.

『한비자』에 따르면, 의견 이상의 성과를 올린 사람은 처음에 "이 이상은 못한다"고 말했으니 거기에는 어물어물 넘기려는 의도가 있다. 그가 비록 의견보다 높은 성과를 올렸다 해도 반드시 벌을 주지 않으면 부하들은 직분을 다하지 않고 서르 싸고돌기만 할 것이다. 결국 조직의 결속력은 와해될 수밖에 없다.

이 경우가 바로 후지쯔와 딱 들어맞는다. 평가의 인플레이션도, 목표의 수준 저하도 중국 고대의 지혜로 설명할 수 있다.

실질적인 기능이 없는 제도였지만 그래도 강등제도를 없애버린 것은 후지쯔에 더욱 큰 타격을 주었다. 왜 본사의 인사부가 이것을 없앴는지 이해할 수 없지만, 어쨌든 강등제도가 없어지자 안도하는 무리들이 있었다. 이미 출세를 포기했지만 그런대로 상당한 직위에 오른 직원들. 30대부터 50대에 이르는 이 사람들은 무리해서 높은 평가를 받으려고도, 강등을 인정하려고도 하지 않았다. 그러니 이 불안 요소가 해결되자 그들은 안일한 나날들을 다시 보낼 수 있게 되었다.

중장년층의 무기력증

이 세상에서 혹은 기업에서 일 잘하는 사람, 보통 사람, 일 못하는 사람의 비율을 따져보면 아마 보통 사람의 비율이 압도적으로 높을 것이다. 이 보통 사람들 대부분이 '무리해서 높은 평가를 받을 필요가 없다. 격심한 경쟁에서 출세하지 못해도 상관없다. 남들만큼 평화로운 생활을 유지할 수 있으면 된다'고 생각할 것이다. 그렇다고 그들에게 일에 대한 의욕이 없는 것은 아니지만, 기존의 이익을 잃어버리지만 않는다면 성과주의라는 과격한 경쟁에 참가하지 않는다. 강등제도가 사라지자 그들의 의욕은 급속히 떨어졌다.

결과적으로 그들은 평가자를 감탄시킬 만한 흠잡을 데 없는 목표를 세우는 일도 없이 그저 묵묵히 일상적인 업무에만 힘을 쏟았다. 업무의 개선이나 신규 설립에는 소극적이면서 새로운 업무를 떠맡게 되면 온 힘을 다해 회피했다. 바로 강한 '저항세력'의 탄생이었다.

구제도에도 강등은 없었다. 연공이라는 넘을 수 없는 장벽이 있긴 했지만 그래도 노력하면 언젠가 보답을 받을 수 있었다. 남들과 같은 수준으로 일하고 게으름만 피우지 않으면 나름대로 평가를 받았고, 특별한 일이 없는 한 누구든 관리자가 될 수 있었다.

성과주의를 실시하고 있는 대부분의 기업들은 평가 기준을 너무 형식화한다. 후지쯔도 신인사제도를 실시하면서 '앞으로 40대 이상 직원은 관리직으로 등용하지 않는다'라는 내부 규정이 인사부에서 생긴 것 같다는 말이 전해지자—사실이었다—

관리직 직전의 직위에 있던 한창 일할 나이의 40대 사원들은 모두 업무 외에서 삶의 가치를 찾기 시작했다. 승진이 최대의 커리어가 돼버린 폐쇄적인 상자 속에서 더 이상 출세할 가망이 없다는데 누가 일을 하겠는가. 단순히 나이나 성적으로 선을 그어 중장년층을 밀어내는 것이 성과주의는 아닐 것이다. 인사부는 이것을 알지 못했다.

젊은 세대들의 절망

일에 대한 의욕을 잃어버린 것은 중년층 이상의 직원들만이 아니었다. 실은 성과주의의 혜택을 가장 많이 받아야 할 젊은 층까지 의욕을 상실해버렸다.

성과주의는 젊은 직원들에게 승급이나 승진은 물론, 어학이나 자격 연수까지 상당히 높은 목표를 요구했다. 물론 젊은 만큼 장애가 커도 의욕은 있다. 나를 포함한 그들 대부분이 성과주의의 매력에 끌려 '실력으로 승부'하려고 후지쯔에 입사했으니까.

그런데 자신들의 능력과 성과를 평가하는 사람들이 아무런 장애도 넘지 않은 상사들이라는 모순에 부딪혔다. 자신들을 평가하는 상사들이 이제까지 목표 달성이라는 것을 해봤는지조차 의심스러웠다. 그들은 성과주의가 무엇인지도 모르고 경험도 없다. 그런데 어떻게 공정한 평가를 기대할 수 있겠는가?

이런 생각은 당연하다. 예전의 연공서열 시스템에서 현재의 직위에까지 오른 상사들의 존재는, 그 자체만으로도 젊은 직원들의 의욕을 떨어뜨리기에 충분했다. 거기다가 강등제도가 폐지되면서 그들보다 회사 공헌도가 낮은 선배들의 위치는 더 확고해졌다. 일상적인 업무만 수행하며 자기 몸보신 외에는 관심이 없는데도 말이다. 이러한 현실이 젊은 세대들의 이직을 자극했다.

출세만이라면 그래도 참을 만했을지 모른다. 기본급 상승이나 정기 승급마저 최근 몇 년 동안 보류 상태다. 설사 젊은 직원들이 포기하지 않고 간부 직위까지 올랐다고 해도 그들의 급여는 상대적으로 상당히 적어질 가능성이 있다. 아무리 열심히 해도 급여가 올라가지 않을지도 모른다는 불안감이 조성돼 있었으니 일할 의욕이 사라지는 것도 당연하다. 그리고 이 불안한 젊은 세대 주위에는 20년 이상 정기 승급 혜택을 받아 눈이 휘둥그레질 만큼 기본급을 받는 선배들이 있었다. 이 중년 세대들은 목표관리와 상관없이 조금만 초과근무를 하면 젊은 직원들보다 훨씬 많은 보수를 받았다. 실제로 일본 대기업에는 출세나 높은 평가를 일절 요구하지 않는 대신, 모든 업무를 포기한 것 같은 직원들이 적지 않다.

여기서 나는 이 책을 읽고 있는 독자들에게, 그리고 후지쯔와 같은 성과주의를 적용하고 있는 대기업의 샐러리맨들에게 묻고 싶다. 지금 당신 회사의 상황이 후지쯔와 다릅니까?

그리고 경영자들에게 하고 싶은 말이 있다. 일본 대기업에 성과주의는 어쩌면 불가피한 제도였는지도 모른다. 그렇다면 젊은 직원들이 예전과 같은 안정적인 출세가 불가능하다는 위험 요인을 인정하고 있는 이상, 간부들에게도 강등의 위험 요인을 줘야 하는 게 아닐까? 이로써 지금 회사의 젊은 세대들, 그리고 앞으로 들어올 신입 사원들이 의욕을 갖고 일할 수 있는 힘이 되지 않을까?

3. 아무도 책임지지 않는다

공표되지 않는 관리직의 목표와 성과

철저하게 차이를 매기는 성과주의를 성공시키기 위해서는 무엇보다 '공정한 평가'가 기반이 돼야 한다. 그렇다면 평가의 '공정성'을 유지하기 위해서는 어떻게 해야 할까?

평가의 모든 절차와 결과가 공개되는 것이 공정성 유지의 기본이다. 나와 다른 사람들이 어떻게 평가되고 있는지 공개되지 않는다면 제도의 신뢰성은 떨어지고 거짓이나 속임수가 횡행할 것이다. 즉, 성과주의를 보장하는 것은 공정성이며, 그 공정성은 공개를 통해서만 보장된다.

그러나 후지쯔의 성과주의는 '닫힌 시스템'이었다.

나는 인사부에서 근무하고 있었기 때문에 다른 부서 직원보다 회사 내부 사정을 더 깊이 알 수 있었다. 그래서 이 제도의 문제점도 자세히 살펴볼 수 있었다. 지금부터는 중간 관리직과 경영진의 문제점을 지적하고자 한다.

앞 장에서는 주로 일반 직원들의 목표관리를 다뤘기 때문에, 여기서 관리직들의 목표관리에 대해 언급하는 것이 공평할 것이다. 관리직 직원들의 평가 시스템은 매스컴은커녕 회사 내부에서도 언급되는 일이 거의 없었다. 성과주의가 제 기능을 하지 않았던 원인 중에는 관리직 평가제도의 문제점이 오랫동안 일반 직원들의 눈과 격리됐던 이유도 있다.

관리직의 평가 시스템은 제도상 다른 직원들과 상호의존 관계에 있다. 다른 직원들 입장에서 관리직 직원들은 평가자다. 그러면서 동시에 그들은 자신들의 상사와 목표관리를 실시한다. 이 흐름을 대략적으로 요약하면 이렇다.

과장 → 부장 → 사업부장 → 본부장 → 경영진

목표관리제도에서 관리직 직원들은 자신의 목표를 달성하기 위해 아래 직원에게 일을 할당하고 관리한다. 위에서 순서대로 목표를 세워 아랫사람들에게 세분화해가는 구조다. 그런데 이건 이론이 그렇다는 것이고 실제로는 전혀 다른 형태로 운용되고 있었다.

앞서 설명한 것처럼 상사의 목표와 평가가 직원들에게는 일절 공개되지 않았다. 직원은 상사와의 면담 통해 자신의 목표를 설정하도록 돼 있었지만 실제로는 위에서 아래로 일방적으로 업무를 떠맡겼다. 그래서 직원들은 그 부문의 목표—임원의 목표 ― 가 무엇인지, 부서에서 수행해야 할 업무가 무엇인지, 그리고 그 속에서 자신의 목표가 어떤 위치를 차지하고 있는지도 몰랐다. 다만 기말에 과장으로부터 확정된 평가만 통지받을 뿐이었다. 자신의 성과가 조직에서 어떤 역할을 했는지도 모른 채 말이다. 게다가 자신의 상사가 어떤 평가를 받았는지 전혀 알지 못했다.

너무나 이상한 일이다. 목표를 세분화하는 것이 제도의 기본이라면 직원이 상사나 부서의 목표를 알고 그 결과도 알아야 하는 것이 당연하지 않은가?

목표관리에서는 직원 개개인이 조직 속에서 어떤 역할을 해야 하는지 명확히 인식하고, 동시에 그 결과에 대한 책임도 져야 한다. 그래서 직원들이 목표를 설정할 때 상사의 목표를 아는 것이 중요하다. 그리고 상사의 평가도 공개해야 한다(이것을 더 발전시킨 것이 다면평가이다). 그러나 후지쯔에서는 이것이 전혀 실현되지 않았다.

이에 대한 직원들의 불만은 매우 컸다. 그것도 당연한 것이, 상사의 목표와 성과가 공개되지 않으면 상사는 제멋대로 제도를 운영할 수 있다. 즉, 프로젝트가 실패하면 그 책임을 아랫사람에게 떠넘기거나, 반대로 성과를 자기 것으로 만드는 것이 가능하다. 실제로 그런 의혹의 목소리는 사내에서 끊임없이 들려왔다. 이 불신감이 내부 대립의 주원인 중 하나였음은 말할 것도 없다.

그런데 만약 관리직의 목표와 그 평가가 공개됐다면 내부 대립은 더 악화되어 후지쯔의 조직은 완전히 붕괴했을지도 모른다. 일반 직원들이 알면 깜짝 놀라겠지만, 관리직 대부분이 A였기 때문이다. 믿고 싶지 않겠지만 거의 90퍼센트가 A였다.

일반 직원들의 평가가 인사부에서 정한 성적 분포도에 따라 억지로 조정됐던 시기부터 그랬다.

관리직은 방목 상태

평가의 인플레이션은 일반 직원들보다 관리직에서 훨씬 더 많이 진행되었다. 관리직도 목표를 세웠다. 그러나 그 성과에 대한 평가는 부문이나 일반 직원의 성적과 상관없이 대부분 A 이상이었다. 그들은 일반 직원들처럼 평가 분포나 지급률에 묶이는 일 없이 제도 도입 초기부터 완전한 절대평가가 보증되었다. 그 결과 관리직의 성적은 '서로 짜고 만들어낸 것'이 되었다.

앞 장에서 소개한 평가위원회의 '격렬한' 논쟁에 비하면, 그들 자신의 평가위원회—일반 직원들과는 별도로 실시하고 있으며, 시간과 내용이 아주 짧다—는 아주 간단했다. 서로를 마음껏 높이 평가하면 된다.

이것이 관리직의 목표관리를 공개할 수 없는 진정한 이유였다. 똑같은 승부의 장이어야 하는 목표관리에 실은 두 가지 기준이 존재한다는 것이 알려지면 어떤 직원이라도 분노했을 것이다. 여기에서만은 고도 성장기의 전통적인 연공서열제도가 여전히 극진한 보호를 받고 있었다. 아니, 오히려 성과주의의 세례를 거부하고 있었다. 그들의 높은 성적과 연봉은 직원들의 땀과 눈물이 있기에 가능한 것이었다. 이 점만 생각해봐도 그들이 평가자가 지녀야 할 자질을 전혀 갖고 있지 않았다는 사실을 알 수 있다.

왜 이런 한심한 상황이 되었을까?

여러 가지 원인이 있겠지만 한마디로 말하면 이것도 '인사부의 판단 착오'였다. 목표관리제도를 도입하면서 인사부는 증오를 일으킬 만큼 대단한 집념으로 직원들을 자신들의 완벽한 관리하에 두려고 했다. 평가위원회에 인사 담당자를 참석시켜 인사부에서 준비한 자료를 기초로 관리직에게 성적을 평가하게끔 했다. 말을 바꾸자면 '검열'이다.

그러나 한편으로 관리직의 평가 방법에는 인사부의 간섭이 거의 없었다. 마치 관리자들을 성과주의 속에서 살아남은 '성과주의의 산물'인 것처럼 여겼다. 인사부는 관리직에 아래 직원들의 목표 설정이나 그 평가 방법에 대한 매뉴얼을 배부하고 간단한 지시만 내렸다. 그러고는 한꺼번에 목표관리제도로 돌입했다. 그런데 정작 관리자들에게는 아래 직원과 명확히 다른 대우를 하고, 성적 분포 등을 요구하지도 않고, 처음부터 '절대주의'를 허용했다. 게다가 성적 분포에 따라 급여의 지급률이 달라지는 일도 없었다. 인사부는 관리자들에게 너무나 큰 기대를 한 것이다.

나중에 언급하겠지만 인사부도 이 제도를 고안한 컨설턴트도

'살아 있는 인간에 대한 고찰'이 너무 부족한 제도를 만들었다. 매뉴얼만 나눠주면 나머지는 알아서 제대로 돌아갈 거라고 생각했다.

경영진의 목표 평가는 E

관리자들은 목표를 설정할 때 자신의 아래 직원에 대한 호감도에 따라 난이도를 달리한 목표를 세우게 했다. 대부분은 아래 직원의 의견대로 난이도가 낮은 목표를 설정하게 하고 중요한 목표는 아무에게도 할당하지 않은 채 내버려두었다. 그러면서 평가는 자신들의 주관에 따라 마음대로 했다. 그리고 평가위원회에 모여 막상 조정 단계가 되면 모든 것을 연공서열 가치관에 따라 조정했다. 더욱이 자기들의 평가에서는 '특별히 문제가 없으면 모두 똑같은 평가'라는 알기 쉬운 선택만 했다.

그러나 이 점에 관해서는 그들에게 책임을 추궁할 생각이 없다. 그들은 자신들이 성장해온 가치관에 따라 행동했을 뿐이다. 그들이 회사에 들어가 몇십 년간 그 가치관에 따라 노력한 결과로 일본이 성장해왔다는 걸 부정할 수는 없으니까.

그들에게 성과주의가 제대로 적용됐다면 그들 중 50퍼센트 정도는 관리직으로 승진하지 못했을 것이다. 인사부가 새롭게 정의한 사내 진급 지침을 보고 그들은 자기들 때와는 너무 다른 방식에 당혹해했을 것이다. 성과주의는 관리직에 엄격한 자격을 요구한다. 몇 년 동안 극심한 경쟁을 이겨내 계속 높은 성과를 올려야 하고, 폭넓은 자질을 갖춰야 하며, 어학은 필수다. 지금까지 그들이 상상도 하지 못한 높은 장벽이었을 것이다. 그들은 '관리직은 곧 명예직'이라는 인식 속에서 살아왔다. 그런데 어느 날 갑자기 성과주의가 등장했다. 성과주의가 그들에게 제대로 적용됐다 하더라도 기본적으로 그런 자질을 가지고 있지 못한 그들이 그 제도에 맞추기는 어려웠을 것이다.

그러나 문화나 전통, 기업의 풍토에 차이가 있다고 해도 미국식 제도로 방향을 전환한 이상 좋은 점을 찾아내 받아들이는 노력이 필요했다. 이 제도의 특징이 '공개'와 '공정성'이라면 이것이 그 어디든 달라야 할 이유가 없다.

지금까지 일본 기업은 너무나 폐쇄적인 사회였기 때문에 성과주의로 그 결점을 극복할 수 있었다. 후지쯔가 글로벌 비즈니스를 추구하는 기업이라면 먼저 관리직에 개혁을 요구했어야 했다. 제도의 평가자이기도 한 관리자들은 우선 제도를 올바르게 이해한 '공정한 평가자'가 되어야 했다.

평가자들의 의식이 예전 그대로인 상태에서 새로운 제도는 제 기능을 하지 못한다. 원래는 아래 직원 모두가 목표 이상의 성과를 내야 비로소 상사가 A 평가 이상을 받아야 한다. 아무리 우수한 관리자라 하더라도 직원들 반이 목표를 달성하지 못했는데 본인만 A 이상을 받는다는 것이 말이 되는가? 한마디로 어불성설이다.

관리직의 90퍼센트가 A라면 그 회사에는 우수한 인재가 많다는 뜻이다. 회사의 모든 부문에서 예산을 달성하는 것은 식은 죽 먹기다. 2년 연속 적자 결산은 있을 수 없다. 그런데도 후지쯔는 적자 결산을 계속했다. 그 책임은 역시 관리직과 경영진에게 물을 수밖에 없다. 인간이란 누구나 자기 책임을 인정하고 싶어 하지 않는다. 게다가 자신들은 A 이상이니 그것을 자각하기란 쉽지 않다.

결국 모든 책임은 낮은 평가를 받은 아랫사람들에게 돌아갔다. 그래서 "나는 해야 할 일을 했다. 성과를 내지 못한 직원이 문제다"라는 말이 나온다. 아키쿠사 전 사장의 발언도 이 같은 발상에서 나왔다.

만약 후지쯔 경영진에게 성과주의를 적용해 평가한다면 어떤 결과가 나올까? 물론 시장이 평가 기준이라면 모두 C 이하 또는 E(최악의 직원)가 될 것이다. 시장에서는 업적을 공개하는 것이 기본이기 때문이다.

프로젝트 계약 해지의 충격

"이 바보들아!"

규슈의 세 지방 은행 간의 시스템 연결 프로젝트의 진척 상황을 들은 금융 시스템 계통의 사업부장은 격분했다. 거대 은행에 파고드는 힘이 약한 후지쯔에 그 프로젝트는 금융 솔루션의 중심이었다. 2003년 1월, 당초 예정이었던 내년 내의 가동은 이미 절망적인 상황이었다. 그러나 클라이언트의 집요한 추궁에도 현장의 관리자는 늘 "아무 문제 없다"는 말만 되풀이했다고 한다. 그 말을 더 이상 믿을 수 없었던 클라이언트는 본사 임원에게 상세한 상황 설명을 요구했고, 비로소 프로젝트의 참상이 밝혀졌다. 본사에서 클라이언트에게 보낸 정식 회답에는 '솔루션 강자'의 모습을 찾아볼 수 없었다.

"1년 반의 납기 지연이 예상된다."

이 얘기가 회사 내부에 돌았을 때 누구나 자신의 귀를 의심했다.

이 책을 읽고 있는 독자 중에는 아마 그 사건을 기억하시는 분이 있을 것이다. 후지쯔를 덮친 이 사건은 시장뿐 아니라 직원들까지도 충격에 휩싸이게 했다.

후지쯔가 이 프로젝트를 발표한 것은 2000년 5월이었다.

지방 은행인 사가(사가 시), 주하치(나가사키 시), 지쿠호(후쿠오카 현 구루메 시) 은행이 컴퓨터 기간 시스템의 공동화에 합의했다고 발표했다.

금융 기관에서는 ATM(현금 자동 지급기)의 24시간 가동이나 편의점에 ATM 설치 등 다양화되는 소비자의 요구에 맞춰 정보화 사업에 방대한 투자가 필요하게 되었다. 세 은행의 기간 시스템은 현재, 사가 은행과 지쿠호 은행이 일본 유니시스, 주하치 은행이 일본 NCR제 호스트 컴퓨터를 사용하고 있는데, 공동화에는 후지쯔 컴퓨터로 결정했다.

〈마이니치신문〉 2000년 5월 24일

이 기사가 나온 지 약 2년 반이나 지났는데 프로젝트가 거의 진척되지 않았다니 사정을 모르는 직원들은 놀랄 수밖에 없었다. 시스템은 살아 움직이며 계속해서 성장한다. 예정보다 2년 반이나 납기가 지연됐다면 그 시스템은 이미 한창 때가 지난 것이다. 당연히 클라이언트는 후지쯔에게 계약 철회를 통고했고 후지쯔는 손해배상금을 물어야 했다. 이 사건은 매스컴을 통해 널리 알려졌으며, 덕분이 후지쯔의 솔루션 비즈니스의 기술력 저하가 만천하에 공개됐다.

주하치, 사가, 지쿠호 은행은 6일, 후지쯔와의 계약을 해제한다고 발표했다. 후지쯔의 시스템 개발 지연이 원인이다. 그러나 "공동화 목표에는 변함이 없다"(주하치 은행 종합 기획부)고 말했다.

이 세 은행은 2000년에 공동화에 합의하여 주하치 은행이 2004년 1월, 다른 두 은행은 같은 해 7월에 운용할 예정이었다. 그러나 후지쯔의 개발 지연으로 두 번이나 가동 시기가 연장돼, 주하치 은행이 2006년 1월, 다른 은행은 2007년 1월로 결정됐다. 향후 몇 년간은 현재 시스템을 사용하고 장기적인 공동화 방식은 다시 검토하기로 했다. 후지쯔에는 지연에 따른 비용 부담을 요구할 방침이다.

〈아사히신문〉 2003년 5월 7일

왜 후지쯔가 가장 자랑하는 솔루션 비즈니스에서 이런 상황이 벌어진 걸까? 그리고 왜 프로젝트 관리자는 끝까지 문제를 은폐하려고 했던 걸까?

이 문제에도 역시 목표관리의 그림자가 보인다. 평가의 인플레이션이 일어나면서 목표 자체의 수준이 낮아졌다. 위험 부담이 있는 목표는 아무도 세우지 않았고 그런 직원들을 채찍질하는 상사도 없었다. 상사, 즉 관리자들은 실무와 떨어져 있어서 목표가 추상적인 경우가 많았다(나중에 말하겠지만 본부장급은 예외이다. 그들의 목표는 반대로 너무 구체적이었다). 그저 '보기에 좋은', '책임을 추궁하기 어려운' 목표만 만들어냈다. 이 폐해가 프로젝트 폐기라는 사태로 연결된 것이다.

후지쯔의 프로젝트 계약 해지 사건은 이뿐만이 아니다.

2000년 4월   우체국 적금 ATM 고장으로 우정성이 오키 전기와 후지쯔에 배상 청구.
2002년 3월   봇둑 수문 문제로 긴키 지방 정비국이 후ㅈ 쯔를 지명 정지.
2002년 11월 시마네 은행이 후지쯔의 기간 시스템 '프로뱅크' 계약 해제.
2003년 4월   북일본 은행이 후지쯔와의 시스템 계약 해제.

산더미처럼 쌓인 자기 디스켓

"이 제도를 10년간 유지하면 회사가 없어질지 몰라. 적어도 외국 기업으로 인수되겠지."

예전에 나가노 공장에서 관리직으로 일하던 A씨는 이렇게 말하며 한숨을 내쉬었다. A씨는 후지쯔의 기술력이 왜 저하됐는지를 정확히 알고 있었다.

"예전에는 각자 자기가 해야 할 일을 어느 정도 알고 있었어. 명확하게 문서화돼지 않았기에 언뜻 애매해 보여도 회사는 확실히 같은 방향으로 나아가고 있었지. 그런데 성과주의 어쩌고 하면서 방향이 조금씩 비틀어지기 시작한 거야."

나가노 공장은 1966년에 가동을 시작한 후지쯔 내에서도 역사적인 공장이다. 제품으로는 자기 디스켓, 인쇄회로기판printed circuit board이 중심이며, 1980년대부터 1990년대 중반까지는 회사의 약진과 함께 그 생산 규모를 계속 확대해갔다. 특히 1990년대 말까지 중요 전략 제품이었던 자기 디스켓 부문의 본거지로 지역 경제에도 큰 영향을 주었다.

그러나 1990년대 중반부터 상황은 돌변하기 시작했다. 국내는 물론 해외 라이벌 회사와의 과열 경쟁이 시작된 것이다. 특히 미국 업체들과의 치열한 가격 경쟁으로 자기 디스켓의 수익성은 점점 하락했다. 개발 주기도 짧아져 수명이 짧은데다 수익성까지 없는 제품으로 변해버렸다. 이제까지 후지쯔는 이 분야에서 전 세계 시장 점유율 5위를 차지하고 있었다. 이것이 후지쯔의 자부심 중 하나였는데, 시장 점유율 3위 안에 들지 않으면 연구 개발비조차 회수할 수 없는 상황이었다. 결국 사업을 포기하는 기업들이 나타났다. 사업을 축소할 것인가, 또 다른 투자를 할 것인가? 그야말로 경영진의 결단이 필요한 때였다.

A씨는 이렇게 한탄한다.

"비즈니스에는 전략이 필요해. 이익이 남으면 다 좋았던 거고, 적자일 때는 다 잘못해서 그렇게 된 거라고 하면 누가 노력하고 수고하겠나. 확고한 전략에 입각하여 핵심 기술로 키워야 하는 분야에는 다소 출혈을 각오하더라도 투자를 해야 해. 후지쯔의 솔루션 비즈니스의 평가가 높았던 것도 메인 프레임main frame을 비롯한 하드웨어의 우수한 기술력 때문인데, 지금 후지쯔는 단순한 SI 서비스 회사와 다름없어."

후지쯔는 어느 쪽으로도 결단을 내리지 못했다. 제품을 선별하여 경쟁력을 높이는 것도 아니고, 그렇다고 해서 사업 구조를 바꾸는 대담한 전환도 없었다. 단지 아무 생각 없이 매년 '전년 대비+α' 예산을 받아 예전처럼 신입 사원 배치를 신청했다. 상처가 벌어져 피가 뿜어져 나오는데도 아무 대책 없이 계속 수혈하는 것과 같았다.

전략 없는 경영만큼 무익한 것이 없다.

생산력은 계속 떨어지는데 나가사키 공장에는 자기 디스켓의 재고가 산더미처럼 쌓여 있었다. 터무니없게도 그것들은 '재고 자산'으로 계상되었다. 몇 년 전의 구식 모델이며 고철로도 가치 없는 잡동사니가 장부에서 9,000억 엔의 부품으로 취급됐다. 그래도 그때까지는 아직 흑자를 내는 부문이 있었고, 회사도 충분한 체력을 유지하고 있었다. 그런데 아무도 이것을 감가상각하려고 하지 않았다.

뒤로 미루기가 초래한 대규모 구조조정

자기 디스켓이 한데 쌓여 방치되고 있던 이유는 명백하다. 신규 투자나 업무 확장이라면 누구에게나 인정받는 목표가 되지만 자산의 감가상각은 목표라고 하기에는 너무 부정적이었다. 특히 재고 자산의 상각이나 손실의 계상 등은 일시적으로 마이너스로밖에 보이지 않는다.

물론 각 부문의 책임자들은 비즈니스 상황이 어려워지고 있다는 것을 알고 있었다. 그러나 그들은 스스로 움직이려고 하지 않았다. 그뿐만 아니라 거액의 예산을 확보하여 해외로 거점을 계속 확장했다.

"부장 이상의 관리직 직위는 차례로 돌아가면서 맡아. 보통 길어야 3년, 짧으면 반년 만에 본부 내의 다른 자리로 이동하지. 이건 사업부장들도 마찬가지여서 자기가 그 자리에 있는 동안 굳이 불리한 일을 맡으려고 하지 않아. 그래서 상황이 어렵다는 것을 알면서도 어떻게든 견뎌내 낙하산 인사로라도 관련 회사의 임원이 되고 싶어 하지. 문제가 해결될 리 없어. 상황이 점점 악화될 수밖에."

위험도가 높은, 아니 처음부터 불가능한 프로젝트를 계획하기보다는 고통을 참는 쪽을 선택한 것이다. 병의 근원을 잘라내야 한다고는 아무도 생각하지 않았다. 고통스러운 수술보다는 닥친 위험만 일단 넘기면 어느 날 누군가가 와서 해결할 거라고 생각했다.

그러나 비즈니스 악화는 그런 쉬운 생각을 훨씬 넘어선 속도로 진행되었다. 자기 디스켓 부문은 마침내 적자로 전락했다. 그러나 여전히 문제 해결은 뒤로 미뤄졌다. 적자로 전락한 후에도 매년 그림으로 그린 듯한 '비즈니스 호전', '세계 시장 점유율 상승'이라는 시나리오를 예산에 담았다. 더 이상 비즈니스를 할 수 없을 때까지 인원을 늘렸고, 대규모 구조조정을 시작하기 직전까지 수십 명의 신입 사원을 배치했다. 결국 입사한 지 얼마 안 되는 사람이나 경력자로 이직한 사람들까지 그 대상이 되었다.

나가노에서 일어난 구조조정을 신문은 이렇게 보도했다.

작년 7월, 후지쯔 스사카 공장(나가노 현) 옥상에서 여직원이 뛰어내려 자살했다. 근속 26년, 마흔네 살이었다. 회사의 차가운 대응에 분노하며 그 여성의 남편이 "업무가 원인"이라고 소송했지만, 회사는 "이 정도로 산재 보상은 나오지 않습니다. 노동기준감독서에 가고 싶으면 가세요"라는 말로 차갑게 뿌리쳤다.

(중략)

자살하기 몇 개월 전, 다른 공장으로 배치되는 등 직장 인원은 반 이하―40명에서 14명으로―로 감소했다. 업무의 인수인계도 없이 익숙하지 않은 업무 때문에 매일같이 문제가 발생했다. 결국 그 여성은 후원 체제도 없이 노이로제 상태에 빠졌다.

(중략)

"파견 근무가 일상화되어……." 어느 여성 직원이 놀라운 증언을 했다. "공장장과 노조 위원장을 제외하면 모두 파견 상태라는 비정상적인 상황입니다. 십여 개의 부서에서도 파견 근무가 일상이니 직원들의 불안이 높습니다. 이런 상황 때문에 자살하는 사람이 있습니다." 옆에 있는 나가노 공장에서도 중간 관리직 여직원이 자살했다. 그녀는 지인에게 "자기가 구조조정 대상이라고는 상상도 못했다"고 말했다고 한다. 그러고 나서 한 시간 후에 스스로 목숨을 끊었다.

업적이나 성과로 임금이 결정되는 성과주의 임금의 도입과 함께 직원들은 항상 불안에 시달리며 정신적인 스트레스를 받아왔다. 후지쯔는 '마음의 고민 상담실'이라는 홈페이지를 개설했으며 연간 수천 명이 이용하고 있다고 한다.

〈아카하타〉 2001년 7월 3일

침몰한 사업본부

회사 내부 곳곳에서 나가노와 비슷한 사태가 되풀이되었다.

"배치된 직후부터 1년 동안 관서 지방으로 출장을 갔습니다. 신입 사원 연수도 없었고 선배에게 확실한 기술 지도도 받지 못한 상태에서 작업에 투입됐어요. 마치 파견 사원 같았지요."

나보다 입사가 늦은 G군의 말이다. G군이 배치된 부문은 미나미타마 공장에 있는 하드웨어 계통 사업본부였다. 1990년대 중반부터 이미 적자를 내고 있었는데, 그를 포함해 매년 상당수의 신입 사원이 배치되었다. 그는 신제품 개발 프로젝트에 배치됐는데, 같은 주의 어느 사무소에 지원부로 보내졌다고 한다. 그런데 그곳에서 그를 기다리고 있었던 것은 매달 100시간이 넘는 초과근무였다.

"전체 작업의 흐름에 대해서는 전혀 설명이 없었어요. 지금 내가 하고 있는 일이 어떤 의미가 있는지도 모른 채 무작정 일만 했죠. 다른 부문과의 연계도 없었습니다. 틀림없이 다른 부서에서도 만들고 있을 '툴tool'까지도 저희 하드 부문에서 하나하나 만들었어요."

그는 사내 응모가 붙은 다른 프로젝트에 지원해서 다른 개발 부문으로 이동했다. 장래성 있는 젊은 직원이었던 게 다행이다.

"제가 배치된 그 프로젝트는 반년가량 개발이 지연되고 있었어요. 게다가 타사 제품에 비해 새로운 기술이 도입된 것도 아니었고요. 정말 평범한 기종이었죠. 지금 그런 걸 팔아도 되는지 정말 의심스럽더라고요. 말은 하지 않았지만, 모두 빨리 개발을 중지하는 편이 나을 거라고 생각했을 겁니다."

보다 높은 기능을 가진 모델이 타사에서 출시되자 결국 그 프로젝트는 중단되었다. 1년간 연장까지 해서 흘린 개발비는 결국 한 푼도 회수할 수 없었다. 그리고 그 프로젝트에 참여한 사람들에게는 '헛수고'라는 좌절만 남았다. 게다가 그 부문의 적자는 허용 범위를 넘어섰고, 결국 본부 전체가 해체됐다. 직원들은 다른 사업부로 혹은 다른 회사로 뿔뿔이 흩어졌다.

덧붙여 말하면, 그 본부가 관여하고 있던 비즈니스 모두가 적자였던 것은 아니고, 기술적으로 우수한 제품도 있었다. 손해를 각오하더라도 가능성 있는 것에 자원을 투자할 충분한 시간도 있었다. 그러나 결정권을 가진 인간 중에서 누구도 그것을 하려고 하지 않았다. 서로 사이좋게 좋은 평가를 주고받고 있으니 누구도 불리한 조커를 쥐려 하지 않았다.

쓸데없이 반복되는 조직 변경

현실과 동떨어진 목표를 향해 폭주하는 관리직이 있는 반면, 세워야 할 목표가 없는 관리직도 존재했다. 조직 변경은 어느 회사에서도 으레 발생한다. 변화가 빠른 IT 업계라면 그 주기도 짧겠지만, 그렇다 하더라도 후지쯔의 조직 변경은 비정상적일 정도로 빈번했다. 하나의 본부가 1년에 몇 차례씩 재구축되기도 하고, 서로 다른 분야인 영업과 개발 계통 사업이 갑자기 섞이기도 했다. 굉장히 대단해 보이는 사업부가 생겼다고 생각했더니 단순한 명칭 변경에 불과한 경우도 많았다. 후지쯔와 거래 관계에 있는 사람이라면 매년 새로운 명함 때문에 곤혹스러워했을 것이다.

신속한 조직 변경은 환경의 변화에 대응하기 위해서 필요하다. 또 파벌주의를 타파하는 데 적절한 수단일지도 모른다. 그러나 후지쯔의 조직 변경을 살펴보면, 정말이지 고개를 갸웃거릴 수밖에 없다. 중요 고객의 사정에 따른 조직 변경이나 저품 개발의 종료에 따른 조직 재편이라면 납득할 만하다. 그러나 '집약적인 효율화를 위해', '마케팅과 개발 부문 간의 의사소통을 위해' 등, 듣기에는 좋을지 모르나 구체적으로 무얼 하는지 알 수 없는 조직이 자꾸자꾸 생겨나니 뭐가 뭔지 통 알 수 없었다. 게다가 변경된 조직의 일반 직원들은 조직이 바뀐 이유를 거의 인식하지 못했다. 어느 날 갑자기 위에서 명령이 내려와 부서 이름이 바뀌거나 사무소를 이사하는 정도밖에는 변화가 없었다. 그래서 예전과 같은 거래처와 연락을 취하며, 예전과 다름없는 작업을 계속했다.

그렇다면 왜 이런 일이 벌어졌을까? '조직 체제의 재검토'라는 목표를 내거는 관리자가 많았기 때문이다. 한둘이 아니라 각 사업부와 본부에 그런 관리자들이 득실거렸다. 실제로 직속 부하가 없는 사업부 소속 관리자들의 목표에는 반드시 '조직 체제의 검토'가 상당한 비중을 차지했다. 6개월 만에 조직을 재변경해야 하거나, 질리지도 않는지 방금 했던 조직 변경을 이전 상태로 되돌리는 경우에 조직 체제 검토를 실시한 관리자에게 책임을 물어야 한다.

이 조직 변경과 같은, 도저히 공개할 수 없는 목표들이 관리직 사이에 넘쳐났다. 목표에 적혀 있는 전문 용어나 기술 사양이 언제 것인지 알 수 없을 정도이거나, 자기들이 개발하고 있는 제품의 이름을 잘못 알고 있는 경우도 있었다. 물론 제품 번호의 오류는 헤아릴 수 없이 많았다.

그래도 과장급의 경우에는 상당히 구체적이고 실무에 가까운 '제대로 된 목표'를 세우는 사람이 있었다. 그러나 아래 직원의 것을 베낀 목표가 더 많았다. 그러니 자신들의 목표를 공개하고 싶어 하지 않는 것이 당연하다. 그들이 절대로 공개하지 않는 경우는, 아래 직원과 같은 목표를 세우고도 자신은 A, 직원은 B를 받았을 때다. 나는 이런 경우를 많이 보았다.

이런 행위를 사회에서는 '도둑' 혹은 '사기'라고 말하지 않던가?

여담이지만 내가 알고 있는 것 중에 가장 쓸데없는 조직 변경 목표는 '~소프트 사업부'를 '~소프트웨어 사업부'로 바꾼 것이다. 이 목표는 사업부 전원이 명함을 다시 찍을 의미가 없다는 이유로 본부장이 부결했다. '웨어'를 붙이면 어떤 이점이 있는지 모르겠지만, 적어도 연봉 1,200만 엔의 발안자 입장에서는 6개월에 걸친 장대한 목표였다.

회사를 마비시킨 분노의 메일

지금까지 관리직과 경영진에 대한 얘기를 했는데, 여기서 후지쯔의 명물이 되어버린 '결산의 하향수정'에 대해서도 언급하겠다.

1997년 아키쿠사 나오유키 씨의 사장 취임 이후 후지쯔에서는 매년—그것도 해에 따라서는 몇 번씩이나—하향 수정을 남발했다. 2003년 3월 결산에는 'V자형 회복 달성'은커녕 1,000억 엔이 넘는 적자를 계상했다. 후지쯔라는 회사 자체에 목표관리를 적용한다면, 당연히 아키쿠사 전 사장은 E 평가로 해고돼야 한다. 그러나 이 최악의 결산 발표 때 아키쿠사 전 사장은 침착하게 자신의 회장 취임을 발표했다.

직원들은 입을 다물지 못했다. 성과주의의 원조를 표방하는 기업의 지도자가 2만 명이 넘는 직원들을 구조조정 하면서도 예산을 달성할 수 없었던 그 기의 도중에 경영의 실권을 장악하는 자리로 승격했다고 발표한 것이다. 구조조정과 신인사제도 안에서 질식 직전까지 몰린 직원들의 경영진에 대한 불신감은 이때 정점에 달했다.

특히 구조조정 대상이 되어 영업이나 SE로 배치된 엔지니어와 제조 라인의 분노는 대단했다. 그들은 인사부의 달콤한 말에 속아 극히 초보적인 연수를 받은데다가 인사부의 예측대로 익숙하지 않은 업무를 따라갈 수 없어 하나둘씩 '자기 사정에 의한 퇴직'으로 몰리고 있는 중이었다.

개인 투자자나 규모가 큰 거래처의 분노는 더욱 컸다. 하향 수정을 아무렇지도 않게 남발하며 "3,000억 엔의 손실 정도는 아무런 문제도 되지 않는다"고 큰소리치는 아키쿠사 전 사장의 자세는 그들의 분노에 기름을 부은 꼴이었다.

후지쯔의 IR 주소에는 개인 투자자들로 여겨지는 사람들로부터 "죽이겠다", "회사에 폭탄을 장치했다" 등의 협박 메일이 쇄

도했다. 당연하지만, 이 일에 대해서는 별다른 법적 조치를 취하지 않았다. IR 담당자도 누가 정말로 나쁜 사람인지 분별하기 어려웠기 때문이다.

왜 경영진은 그렇게 하향 수정을 되풀이했던 것일까? '무능하기 때문'이라고 말하면 간단하겠지만 그들도 남들만큼의 학습 능력은 가지고 있을 것이다.

그렇다면 무신경한 발언은 어디에서 나오는 것일까? 발언자의 자질에 심각한 문제가 있는 것으로 보인다. 아키쿠사 전 사장의 말에는 때때로 직원들에 대한 분노나 증오가 담겨 있었다. 설마라고 생각하고 싶을 것이다. 그러나 이것도 성과주의의 환상이 남겨놓은 후유증이다. 그가 기대했던 성과와 현실적인 차이가 이런 감정을 만들어냈으니까.

성과주의가 어떻게 경영진들의 판단을 곪게 만들었는지 안다면 '늑대소년'이라고까지 불리며 하향 수정을 연발한 이유를 조금이나마 이해할 수 있을 것이다.

결산 하향 수정의 이유

관리직 중 극히 일부의 고위 관리직에 실제로 높은 목표가 주어졌다. 경영진에게 직접 평가를 받는 본부장이나 일부 사업부장들이다.

앞에서 말한 것처럼 그들에 대한 평가는 거의 서로 짜고 만들어낸 수준이었다. 그러나 목표만큼은 터무니없이 높은 수준이었다. 왜 그랬을까? 그 해답은 경영진에게 있다.

일반적으로 경영진들은 시장이라는 순수하게 숫자만을 요구하는 기계적인 평가자와 밤낮으로 마주하고 있다. 시장은 결코 속임수를 쓰지 않으며 한쪽만 역성들지도 않는다. 그런 점에서 공정하기 그지없는 평가자다. 각 회사 경영진으로 하여금 예산이라는 숫자만으로 목표를 세우게 하여, 그 결과만을 냉철하게 평가한다. 그리고 그것을 달성하지 못하면 주가가 떨어지고, 경영자의 얼굴이 실린 기사는 신문에 앞 다투어 등장해 '무능'이라는 낙인을 찍는다. 최악의 경우에는 퇴직금도 못 받고 목이 잘린다.

일반 직원들처럼 "저 자식이 잘못했다"든가 "외주 업체에서 실수했다" 등의 책임 전가도 할 수 없다. 이런 점에서 볼 때 모든 것을 직원들의 탓으로 돌린 아키쿠사 회장의 감각은 아주 특이한 것 같다.

어쨌든 경영진들이 느끼는 압박은 상당하다. 이 압박 때문에 자기 직속 부하에게는 아주 신랄하다. 자기의 목표 달성에 필요한 업무를 엄격하고 명확하게, 게다가 높은 수준으로 할당한다. 이런 점은 목표관리의 이념이 살아 있다고 말할 수 있다. 경영진이 직속 부하에게 내리는 목표 달성 과제는 구체적인 숫자다.

이 수치 목표가 한 단계 아래로 내려가 세분화될 때는 조직 내의 여러 역할에 맞게 분해되어 책임도 역할 분담도 구분하기 어려워지지만 어쨌든 숫자는 거짓말을 하지 않는다. 달성 여부는 한눈에 드러난다.

이렇게 말하고 나니 결산 하향 수정의 책임이 마치 경영진으로부터 주어진 목표를 아래 직원에게 잘 분배하지 못한 상급 관리자들에게 있는 것처럼 들린다. 이것은 어디까지나 가정이지만, 그들을 유능한 관리자로 모두 바꿔버리면 목표관리는 회복되고 예산도 달성할 수 있을까?

대답은 "아니다."

그렇게 되면 목표관리제도 자체는 더 원활하게 흐르겠지만 결산에는 역시 어려움이 있다. 문제는 경영진이 평가 대상인 직속 부하, 상급 관리직에 요구하는 숫자에 있기 때문이다. 경영진은 달성할 수 있는 최저 목표와 달성하기 바라는 희망 목표를 한데 섞어버리는 경향이 있다. 그래서 그 아래 본부장들에게 주는 목표에 애당초 달성하기 어려운 숫자를 즐비하게 나열한다. 이 상황이 최근 몇 년 동안 지속된 최대 이유는 경리 부문이나 생산관리 부문 등 이른바 사업관리 부문의 목표관리에 있다.

그들도 당연히 목표관리를 실시하고 있지만 사무 계열의 목표관리란 무엇인가를 제대로 생각해본 사람이 없는 것 같다. 그들의 업무는 '불필요한 부분을 빼고 얼마나 신속하게 각 부문의 현상을 보고하는가'인데 '얼마나 높은 이익을 내는가?'라는 회사 최대의 과제까지 짊어지게 됐다. 그들도 다른 본부장들과 마찬가지로 경영진에게서 높은 수치의 목표를 받아 그것을 향해 매진해야 한다. 구체적으로 말하면, 주어진 수치에 맞는 예산을 각 부문에 할당하여 목표에 도달할 때까지 쥐어짜는 것이다. 원래는 사업 부문에서 숫자를 가져와 경영진에 제출해야 하는데, 반대로 경영진에서 내려온 숫자에 맞추기 위해 온갖 수단을 동원한다. 그들은 경영진의 소망을 예산이라는 형태로 구체화시켜버렸다. 그래서 그들이 목표를 향해 노력하면 노력할수록 경영진이 손에 넣는 숫자는 현실과 동떨어지게 되었다.

물론 사업부별로 보면 수치 목표와 현실과의 괴리는 그리 대단하지 않을지도 모른다. 각 관리 부문이 자기들 목표의 일환으로 사업부가 제출한 지출의 일부를 잘라 수치를 약간 올렸을 뿐이니까. 그런데 본사 경리부에서 그것들을 취합하여 사장에게 넘길 무렵에는 '조그마한 거짓말'들이 '섬뜩할 정도로 꿈같은 숫자'가 돼버린다. 물론 경영진에게 그런 속사정은 알 바 아니다. 그래서 너무나 이상적인 수치가 경영진에 의해 예산으로 시장에 공개된다.

이제 남은 일은 그것을 향해 돌격하는 것이다. 각 본부에 할당된 숫자는 아래로 분산되면 책임 소재가 애매해진다. 명확한 수치 목표가 걷잡을 수 없는 추상적인 목표로 탈바꿈한다. 그리고 감점이 두려워 낮은 목표에만 도전하는 직원들은 경영진의 예상과는 전혀 다른 성과밖에 올리지 못한다. 이런 악순환이 회사를 '마이너스의 소용돌이'에 휩쓸리게 했다.

매일 본사 인사부로부터 실행 불가능한 사실만 주입받는 경영진은 성과주의의 고통을 모른다. 그래서 자신들이 세운 목표조차 달성하지 못하는 직원들을 탓할 수밖에 없다. 그들은 아직도 '개인의 목표와 성과는 조직 전체와 직결돼 있다'는 목표관리제도의 특징을 천진난만하게 믿고 있는 것 같다.

경리부는 지옥이다

이 부류에 속해 있었던 한 사람으로서 목표관리제도를 위해 한마디 덧붙이자면, 경영진이 관리 부문에까지 높은 목표를 할당한 배경에는 '예산안이나 결산 수치는 자신들 머릿속에 이미 있다'는 후지쯔 경영진의 전통도 있었다. 그 숫자는 주로 같은 업계의 다른 회사에서 발표한 숫자가 기준이 되며 그 바탕에는 허영심이 깔려 있다. 그래서 후지쯔의 결산 발표는 다른 회사들에 비해 언제나 약간 늦다.

현재 『상사는 문득 떠오른 생각대로 말한다上司は思いつきでものを言う』라는 책이 베스트셀러인데, 경영진은 '문득 떠오른' 숫자를 입에 담는 경향이 강하다. 수치 목표는 어디까지나 엄밀한 예측과 실증 가능한 데이터에 의해 설정돼야 한다. 그런데도 그들은 "지난 기에는 1,000억 엔의 적자를 냈으니 이번 기에는 어떻게 해서라도 500억 엔의 흑자를 내고 싶다"고 아무렇지 않게 말해버린다. 단지 희망 사항이라면 이해할 수 있다. 아무 근거도 없는 숫자는 목표가 될 수 없다는 사실은 누구나 다 아닌가.

그런데 경리부에서 내놓은 예산의 청사진—종종 이것이 가장 진실에 가깝다—이 그들의 상상과 다르면 경리 부문은 사업부에 재검토를 의뢰하여 다시 하나하나 예산안을 짜야 할 지경에 이른다.

"경리부에서 일한 10년은 정말 지옥이었어요."

가와사키 공장의 경리부에서 근무했던 S씨는 그 지옥에 대해 다음과 같은 얘기를 해주었다.

"시간외근무는 월 평균 100시간 이상, 예산 기나 연도 말에는 200시간이 넘을 때도 있었죠. 직원이 40명 정도인데 정신적으로 힘들어서 몇 명씩은 항상 휴직했고, 최근 몇 년 동안 배치된 신입 사원들은 전부 1년 안에 그만뒀지요."

그는 주임이었고 이제 슬슬 관리직 승진도 생각해야 할 무렵이었는데 갑자기 이직해버렸다.

"예전에도 그랬지만 특히 최근 몇 년 동안은 아주 심했어요. 예산의 경우 우선 본사에서 각 경리부로 부문별 목표 수치가 날아와요. 어디에 근거한 것인지는 모르겠지만 절대로 달성할 수 없는 숫자였죠. 다음에 할 일은 그것을 각 사업본부에 할당하는 것인데, 상식적으로 생각하면 보통 반대의 흐름으로 숫자를 정해야 하지요."

결산은 특히 엄격했다.

"당연히 현실성이 없는 수치니까 결산할 때 실적을 모아보면 어느 부서도 달성하지 못했어요. 본사에서는 어떻게든 좋으니까 각 부문별로 나머지 얼마를 올리라는 지시가 내려오죠. 그래서 다시 한 번 처음으로 되돌려 숫자를 할당하고, 억지로 얼버무려 숫자를 만들어내지요. 많은 경우에는 네댓 번 반복해서 숫자를 만들어요. 후지쯔의 경리부가 지옥인 이유는 타사에서 몇 년 동안 할 일을 한꺼번에 하고 있기 때문이에요. 그런 속임수를 자신의 목표로 설정해서 피를 토하듯 노력하면 뭐 합니까. 결국 그것도 다 허위 숫자인데요. 실제로 회사에 공헌한 것도 없고 뭘 배운 것도 없어요. 그저 힘겨웠을 뿐입니다."

경리부는 어떻게 그들의 목표를 달성하는가? 방법은 얼마든지 있다. 거액 프로젝트의 매출을 앞당기거나, 지불을 뒤로 연장하는 것은 아무것도 아니다. 급할 때는 업적이 좋은 그룹 내 회사로부터 브랜드 사용료란 명목으로 임시로 징수하고, 그래도 어려우면 하청 업체의 지불금을 일률적으로 10퍼센트 깎아버린다. 마지막 수단은 관리직의 급여 삭감이다. 경영진 입장에서 노조에 가입하지 않은 관리자들은 얼마든지 부려먹을 수 있는 이로운 가축과 같다. 후지쯔가 관리직의 임금에 손을 댔을 때는 하향 수정의 경계선에 왔다는 신호라고 생각해도 틀림없다.

"그만둘 때는 고민했어요. 집의 대출금도 있어서. 하지만 새벽에 샤워하러 이틀 만에 집에 들어간 적이 있는데, 그만 욕탕에서 잠들어버렸어요. 아이들이 깨워서 일어난 순간 그만두자고 결심했죠."

그러나 그들이 그렇게 무리해서 만들어낸 숫자도 문제를 해결해주지 않았다. 언제 터질지 모를 폭탄을 들고 끊임없이 달려가는 것과 같았다. 아주 최근에도 이런 사건이 터졌다. 한 소프트웨어 제품이 '전년 대비 매출 200퍼센트 성장'이라는 쾌거를 올렸는데 그에 비해서 본부 전체의 매출은 오르지 않았다. 이상하게 생각한 경리부가 조사해보니 그 부서가 조직적으로 숫자를 위조했다. 관리직의 '뒤로 미루기'와 경리를 비롯한 관리 부문의 엄격한 통제주의가 만들어낸 전형적인 사건이다. 삼사 분기까지 계상했던 숫자가 실제로는 그 반도 채 되지 않는다는 사실을 안 경영진은 아연실색했다.

이런 폭탄은 아직도 후지쯔에 남아 있다.

자사 제품을 팔지 않는 영업부

경영진의 평가 대상자에 대한 엄격한 목표관리는 '부정不正의 악순환'을 낳았다. 이것의 전 회사에 미치는 악영향은 매우 심각했다.

당연한 얘기지만 무리한 매출 목표가 주어진 본부장, 사업부장들은 필사적으로 목표를 향해 달려가게 된다. 그들에게는 매출 목표 달성이야말로 다른 무엇과도 비교 안 되는 지상 과제다. 그래서 아주 이상한 일들이 벌어지곤 한다.

영업이나 SE 등에서 회사 제품을 팔려고 하지 않았다.

"영업 부문이 서버나 소프트웨어 등 회사 제품을 팔려고 하지 않았습니다. 대신 SUN이나 ORACLE 제품을 짜 넣어서 클라이언트에게 권했죠."

서버 시스템 본부에 근무하는 한 직원은 기술자로서의 분노를 숨기지 않았다.

"그들은 클라이언트로부터 얼마나 많은 거래를 따내느냐에 열을 올렸어요. 그래서 우리 제품보다 사용하기 편한 타사 제품을 적극 도입한 시스템에 주력하기 시작했죠. 영업부는 개발부의 영업 노력이 부족해서 그렇게 됐다고 합니다. 그러니까 자신들에게 영업을 하라는 거죠. 팔아달라고. 세상에, 그런 멍청한 소린 정말 처음 들어봐요. 자기 회사의 제품을 파는 것이 그들이 해야 할 일 아닌가요?"

2000년 무렵부터 후지쯔의 개발 부문 속에 마케팅 부대가 설립되기 시작했다. 지금은 서버 부문, 소프트웨어 부문에 각각 전문 부서가 있다. 그러나 조직의 효율화라는 관점과는 거리가 먼 상황이다.

"2003년 결산 때 영업 부문의 수법은 그냥 보고 넘길 수 없을 정도였어요. 영업 흑자 1,000억 엔을 사수하려고 거래 확장 보상금까지 내걸던 시기였고, 그들은 자신들의 숫자를 달성하기 위해 서비스료를 원가로 유지하면서 우리 제품을 쓰레기 버리듯 대폭 할인해 내던졌어요. 그래서 팔면 팔수록 개발 부문은 적자가 되었죠."

이런 일에 대해 예전부터 말이 많았으나 최근 몇 년간 더 심해졌다.

"하드웨어 사업의 부진에는 목표관리가 깊이 관련돼 있다는 건 직원 누구나 아는 사실이죠. 그러나 아키쿠사 전 사장은 자기도 SE 출신이어서 그랬는지, 아니면 그것도 모를 정도로 바보였는지, 하드웨어 사업 모두를 한 덩어리로, 채산이 맞지 않는 부문으로밖에는 보지 않았어요. 최근 몇 년 사이에 후지쯔의 하드 부문을 피 한 방울도 나오지 않을 정도로 쥐어짰어요. 핵심 제품은 자금과 시간을 들이지 않으면 결코 만들 수가 없습니다. 그리고 핵심 제품이 없으면 천천히 쇠퇴할 뿐이죠."

최근 10년간 후지쯔의 기술력은 계속 곤두박질치고 있는 건 아닐까?

개발이 지연돼 해지되는 프로젝트가 한두 개가 아니었고, 무사히 납기일을 지켰다 해도 이후에 문제가 발생하는 일도 종종 일어났다. 경영진이 부정의 악순환을 제대로 보지 않으면 후지쯔의 영광은 재현되지 않을 것이다.

4. 문화가 다르면 방법도 달라야 한다

후지쯔는 파벌사회

일본 기업은 바깥에서 보는 것보다 훨씬 더 보수적이고 폐쇄적인 조직이다. 에도시대의 봉건적 파벌사회와 비슷하다는 것은 책에서만 나오는 얘기가 아니다.

나는 지방 출신이지만, 도쿄의, 그것도 세계적으로 이름이 널리 알려진 기업 내부에 전쟁 전부터 존재했던 파벌이 남아 있다는 사실에 놀라지 않을 수 없었다. 물론 기업에 따라 차이가 있을 것이다. 그러나 그것은 연공서열, 종신고용이라는 봉건적 시스템 속에서 배양된 기업 문화이자, 일본인의 기본적인 삶의 방식이기 때문에 도저히 타파할 수가 없다.

앞으로 기업에 입사할 사람들이 들으면 우울한 얘기겠지만, 이런 기업 문화를 그냥 수용해버리는 사람이 많기 때문에 그러고 싶지 않아도 어쩔 수 없이 받아들이게 된다. 5년 이상 일을 하다 보면 그런 환경에도 익숙해질지 모르지만, 우리는 그러한 인간이라고 자각하면서 천천히 극복해나갈 수밖에 없다.

파벌사회라는 말이 우리 회사와는 상관없다고 생각하는 사람도 있을 것이다. 그러나 후지쯔의 사례를 들어보면 마음을 깊이 찌르는 무언가가 있을 것이다.

후지쯔라고 하면 대부분이 '자유롭고 선진적인 회사'를 연상한다. 그러나 그건 정말 오해다. 실제로는 철저히 연공서열적이며 보수적인 파벌 조직이다. 그것도 다른 대기업에 비해 훨씬 심하다. 나도 어느새 회사 분위기에 물들어 별로 의식하지 못했지만 다른 기업의 인사 담당자나 경력 채용자들과 얘기를 해보면 후지쯔의 놀라운 구식 풍토를 뼈저리게 느끼게 된다.

사람들이 후지쯔의 사내 풍토를 오해한 데에는 성과주의를 퍼뜨렸던 인사부의 힘이 컸다. 그들은 실질적인 제도 개선에는 소극적이었지만 홍보는 정말 열심히 했다.

어쨌든 후지쯔의 전통적인 파벌이 성과주의를 붕괴시킨 것만은 틀림없다. 물론 성과주의 자체에도 결함이 있었지만, 후지쯔에 파벌이 없었다면 이렇게까지 비참한 일을 당하지 않았을 것이다. 파벌사회라는 것은 '닫혔다'는 것을 의미한다. 그러니 개방을 전제로 하는 성과주의와는 공존할 수 없다.

우수한 직원들에게 강요된 암묵적인 이해

후지쯔라는 파벌사회에는 봉건제도가 농후하게 남아 있다. 예를 들어 우수한 후지쯔 직원은 대부분 매년 봄에 주어지는 연차휴가를 소극적으로 사용해야 한다. 물론 며칠 정도는 괜찮지만 그것도 순수한 휴가는 5일 정도이고 나머지는 병가 등의 이유여야 한다는 기준이 있다. 이 기준은 직원들 사이에 '암묵적인 이해'로 공유된다. 그리고 쓰지 못한 연차는 버린다. 그야말로 '은혜'와 '봉사'이다. 더 심한 건 우수 직원이 연차를 순전히 휴가로 사용하려면 반드시 상사와 동료에게 사전 양해를 구해야 한다. 실제로 지금까지 "연차휴가는 회사가 호의로 준 것이다", "병가 등의 이유가 아니면 절대 쓰지 마라" 등의 말을 아무렇지 않게 하는 상사가 적지 않았다.

또 우수한 후지쯔 직원은 퇴근 시간에도 신경 써야 한다. 아무리 낮에 업무에 집중하여 자신의 작업을 정시에 마쳤다 해도 주위에서 초과근무를 하고 있는 동안 자리를 떠서는 안 된다. 무시하고 퇴근하려 하면 "벌써 퇴근하냐", "업무에 소극적이다", "팀워크가 모자란다" 등등, 이류로 찍혀버린다. 상식적으로 생각하면 말도 안 되는 이유지만 어떤 직장이든 근무 규정 외의 '암묵적인 규정이' 있기 마련이다. 일이 있든 없든, 시간외근무수당을 벌기 위해서든 그 시간까지는 먼저 퇴근하면 안 된다. 그리고 그 시간이 지나면 주위를 살피며 "이제 퇴근하겠습니다……"라고 말하며 자리에서 일어나야 한다. 이렇게 하지 않으면 진정한 의미의 퇴근이 아니다. 덧붙이자면 이 퇴근 시간은 경리나 생산관리 등의 오래된 부서에서는 오후 10시 정도다.

인사부에서는 예전부터 이러한 규정을 인사 평가어 포함시켰다. 연차 사용이 적으면 의욕 있는 직원이고, 많으면 태만한 직원으로 취급했다. 마찬가지로 시간외근무가 적은 것보다 많은 직원이 열심히 일하는 직원인 셈이다. 오랫동안 이런 평가를 해 왔고 그런 체질을 가진 사람이 관리직에 올라갔다. 그리고 그 관리직이 인사 평가를 한다. 이런 시스템은 성과주의를 도입한 후에도 사라지지 않았다.

성과주의와 파벌은 물과 기름

아무리 생각해도 이런 암묵적인 규정들은 정말 무의미하다. 초과근무이건 퇴근 시간이건 업무가 바쁜 것과는 전혀 상관없기 때문이다. 후지쯔는 원래 초과근무가 많은 것으로 유명하다. 그런데 그렇게 일이 바빴다면 2년 연속 영업 적자를 내지 않았을 것이다. 후지쯔 직원은 시간적으로 큰 낭비를 하고 있는 셈이다.

퇴직하는 직원이 그해에 연차휴가를 사용하려 해도 웬만큼 마음이 넓은 관리자가 아니면 결코 허락하지 않는다. 당사자는 울며 겨자 먹기로 연차를 그냥 버려야 한다. 인사부는 「퇴직하는 직원의 유급휴가 사용 제한에 대하여」라는 노동법에 위반되는 리포트까지 배포해 직원들의 권리를 짓밟는 데 혈안이 되어 있다. 이러한 불필요한 통제 덕분에 후지쯔는 퇴직한 직원들로부터 엄청난 비난에 시달리고 있다. 양식 있는 상장 기업들은 남은 연차를 무리해서라도 사용하게 하거나 퇴직금에 포함시키는 것이 보통이다.

이렇게 글로 쓰고 나니 어리석은 문화가 아닐 수 없다. 그런데 이것이 일본 최고의 컴퓨터 회사에서 매일 되풀이되는 일이다.

잘 생각해보면, 이것은 섬나라인 일본 고유의 파벌문화와 비슷하다. 일본은 외부 세계와 격리된 섬나라여서 자기들만의 세계 속에서 오랜 세월 농경생활을 해왔다. 마을 전체가 함께 모내기를 하고 벼를 거두는 공동체 문화 속에서 묵묵히 일했다. 모두 같은 시간에 일어나고 같은 시간에 일하고, 같은 시간에 잠들었다. 그리고 수확은 평등하게 분배하여 조화를 유지해왔다. 어떤 규칙도 문서화할 필요 없이 주위 사람들이 하는 대로 따라하면 사는 데 별 지장이 없었다. 이러한 문화 속에서는 연공서열이 가장 중요하며 연장자는 반드시 공경해야 하는 대상이었다. 그리고 인내와 조직에 대한 복종이야말로 최고의 미덕이었으며, 자기 권리를 주장하는 자는 따돌림당했다.

이런 문화가 자리 잡고 있는 기업에 그런 면역력이 없는 외국인이나 대학을 갓 졸업한 신입 사원이 들어오면 열이면 열 모두 당혹해한다. 당연한 반응이다. 일본이라는 선진국에, 고층 건물에 둘러싸여 있고, 하이테크 제품들이 넘쳐나는 선진적인 사무실에, 밖에서 볼 때와는 전혀 다른 침몰한 세계가 존재하고 있는 것이다.

"근무 규정에 있는 것과 실상이 다르다니 도대체 왜 그러죠?"라는 질문을 받으면, 외국인에게는 "그게 문화의 차이"라고 말을 흐리며, 신입 사원에게는 "겉으로 드러나는 말과 속마음은 다르니까"라고 대답한다. 이런 대답을 들으면 적어도 신입 사원은 아무 말도 못한다. 관리직이라는 고액 연봉자는 절대적인 권력을 장악하고 있으며 신입 사원은 노예처럼 혹사당한다.

이런 파벌사회에 신인사제도가 어울린다고 판단한 인사부의 독단적인 행동으로 인해 후지쯔에서 젊은 세대의 이직률은 급상승하고 있다. 물론 이는 후지쯔만의 문제가 아니다. 최근 일본 기업의 전체적인 경향이기 때문에 미디어에서도 "요즘 젊은 세대들은 인내력이 모자란다"고 계속 떠들고 있다. 그러나 신입 사원의 이직률 증가를 그들의 성격과 자질 탓으로만 여기는 건 잘못이다. 그들은 일본 사회의 변화―그것이 진보인지 퇴화인지는 논쟁의 여지가 있겠지만―를 순수하게 받아들이고 있기 때문에 기업 내의 파벌사회를 견딜 수 없는 것이다. 현대 사회의 흐름을 반영하고 있는 그들에게 지금까지의 파벌사회는 견딜 수 없는 불건전한 사회일 뿐이다.

외국인들의 높은 이직률도 20년 전이나 지금이나 거의 변함이 없는데, 지금은 일본 대졸자의 이직률도 그것에 가까워지고 있다. 외국인이라도 동아시아인은 이러한 사풍에 비교적 잘 적응하는 편이지만 미국이나 유럽의 외국인들은 전혀 적응하지 못한다.

이런 풍토에는 성과주의가 융합될 수 없다. 융합은커녕 본질적으로 물과 기름의 관계다. 신제도가 아무리 훌륭하다 해도 이

풍토의 기본은 개인 간의 경쟁이 아니라 팀워크이기 대문이다. 그런데도 물과 기름을 억지로 섞어놓았다. 멀리서 보면 그런 대로 잘 굴러간다고 생각할지 모르나 가까이에서 보면 둘은 혼란만 야기할 뿐이다.

성과주의는 파벌사회를 파괴하려 하고, 파벌사회는 성과주의를 배제하려 한다. 후지쯔는 지금 어디에서도 답을 찾지 못하고 있다. 아마 이 답을 기다리는 동안 후지쯔는 파괴될지도 모른다.

사내 등급제도의 모순

성과주의의 실패 원인이 이런 회사 분위기에만 있는 건 아니다. 조직 구성이라는 면에서도 큰 차이가 존재한다. 일본 기업에는 '견습 기간 ~년'이라는 표현이 있다. 구체적으로 몇 년인지는 정해져 있지 않지만 신입 사원이 회사에서 제몫을 할 수 있을 때까지의 교육 기간을 말한다. 직원이 견습에서 시작해 점점 성장하여 제몫을 하게 된다는, 마치 직공의 도제제도 같은 개념이다.

그렇다면 이 도제제도는 어떻게 이루어지고 있을까? 후지쯔의 경우 모든 부문에 사내 직급 순위가 있다. 이것은 20여 종의 전체 직종에 대해 상세히 정의—인사부 외에는 아무도 읽지 않는다—돼 있으며, 여기에 각 직종마다 10여 종류의 '사내 등급'이 세분화돼 있다. 각 급에서 위로 올라가려면 정해진 성적 기준을 통과해야 한다.

성과주의에 의한 신인사제도에도 이것은 변함 없이 적용되었다. 성적 기준이 조금 완화됐다고는 해도 여전히 능력보다는 나이라는 일정한 제한 범위에 묶여 한 단계씩 위로 밀어 올려졌다.

여기서 문제가 되는 것은 연령별 제한 범위에 각각의 모델이 있다는 것이다. 그리고 직원은 그 모델에 얼마나 근접했는가로 평가를 받았다. 나이 따위와는 상관없는 것이 성과주의인데도 말이다.

자기가 속한 제한 범위를 넘어선 높은 성과는 처음부터 요구돼지 않았으며, 그런 실력을 발휘해도 아주 잠깐 주위에서 인정을 받겠지만 그에 응하는 보답은 없었다. 보답은커녕 오히려 주위에서 질서를 깨뜨리는 자로 배척당했다. 단순히 연공서열의 조화를 깨뜨린다는 비판뿐 아니라 파벌사회의 횡렬 의식이 비난의 얼굴을 들이밀었다.

그래서 아무리 훌륭한 능력을 가진 신입 사원이라 해도 문서 복사 등의 잡무에서부터 일을 시작해야 한다. 서열이 위인 선배에게 지시를 내리는 등의 월권 행위는 있을 수 없다. 기대 이상의 성과를 올려도 자기가 속한 제한 범위 이상의 보수는 받을 수 없고, 순서를 뛰어넘는 월반은 원칙적으로 말도 안 되는 일이다. 다른 사람처럼 20~30년에 걸친 출세의 계단을 하나씩 하나씩 천천히 올라가야 한다.

당연히 고도의 전문 지식을 갖춘 젊은 직원들은 초죽음 상태에 빠질 수밖에 없다. 짐을 나르거나 타이핑, 복사 등으로 귀중

한 20대를 낭비하게 되니 말이다. 그 견습 생활을 통해 배우는 것이라고는 인내와 근성뿐이다. 그가 가진 전문 지식을 발휘할 수 있을 때에는 이미 그 지식은 쓸모없는 것이 돼버린다.

성과주의를 도입했을 때 왜 이 등급제도를 폐지하지 않았을까? 내게는 정말 신기할 따름이다. 50대가 돼서야 정점에 도달할 수 있는 직급 시스템은 아무리 생각해도 성과주의와는 양립할 수 없다. 그렇다면 근속 연수의 길이에 따라 대우를 결정하는 연공서열제도와 무슨 차이가 있단 말인가.

근무 기간과 능력은 얼마나 상관관계가 있을까? 정달로 근무 기간이 능력을 보증해줄까? 오히려 젊었을 때 더 많은 능력을 발휘할 수 있는 건 아닐까? 물론 나이를 먹을수록 능력이 떨어진다는 건 아니다. 하지만 후지쯔의 조직은 그랬다. 능력이 아니라 직급이 모든 것을 보장해주었기 때문이다. 회사는 상사의 지위에 오르면 그 지위가 진정한 상사를 만든다고 생각한다.

회사를 떠나는 젊은 직원들

신입 사원의 예를 들어 등급제도를 살펴보자. '입사 첫해에는 복사 등의 잡무', '2년차부터 상사의 가방 도우미로 동반 출장'이라는 신입 사원 육성 과정이 있다. 이것을 거쳐야 겨우 자신의 업무를 갖게 된다. 물론 현재는 이렇게까지 극단적이지 않다. 그러나 어느 부서든 신입 사원이 해야 할 일이 대략 규정돼 있다. 우선 신입이라는 출발점에서 달려 2년차에 다시 출발점에 서는 것이다.

솔루션 부문에 배치된 K군은 신입 사원 시절을 이렇게 회상한다.

"입사하고 1년 정도는 간단한 자료 작성만 했습니다. 말하자면 번역 담당이었지요. 이런 것까지 정사원에게 시킬 필요가 있을까 하고 생각했어요."

그는 해외 유명 대학 석사 출신으로 화려한 학력의 소유자다. 그리고 언젠가 사내 인재 유학제도를 통해 MBA에 도전하고 싶어 했다. 그러나 그가 배치된 부서에서는 그를 어떻게 다뤄야 하는지 몰랐던 것 같다. 그래서 일단 영어가 되니 영문 자료만 번역시켰다.

"인사부에 불만을 표시한 적이 있습니다. 채용할 때와 말이 너무 달랐으니까요. 세계를 상대로 활약할 수 있는 곳이라고 하더니 회사 외부 사람조차 상대할 수 없지 않냐고 했죠."

그 결과 그는 부장에게서 '정신론' 설교를 들어야 했다.

"외국에서 생활해서인지 사회적 상식이 결여돼 있다. 발로 더 뛰어라, 비평가는 필요 없다. 하고 싶은 말이 있으면 먼저 업무 성과로 보여라……. 끊임없이 설교를 들어야 했습니다. 그가 무슨 말을 하는지 압니다. 그렇다면 나를 채용할 필요가 없었겠죠. 내가 지금까지 한 일은 대학원 졸업자의 전문 지식이 전혀 필요하지 않았습니다."

보충하자면 그가 배치된 사업부는 후지쯔 내에서도 실적이 우수한 조직이다. 우수한 컨설턴트도 많고, 해외 거래도 많다. 그런데 그 사업부는 신입 사원의 출발점은 번역이라고 생각했다. 아무리 우수한 신입 사원이라 해도 규칙과 위반한 출발점은 가당치 않으며, 게다가 해외 업무는 3년의 수습 기간 후의 일이다. 불행히도 K군은 그 사업부에 필요하지 않은 전문성을 가지고 있었다.

"1년차 여름휴가 때의 일입니다. 갑자기 예산에 문제가 생겨 위에서 재검토 지시가 내려왔습니다. 담당자에게 출근 명령이 떨어졌죠. 나는 담당도 아니고 그 내용조차 모르는데 아침부터 밤늦게까지 사무실에 있었어요. 할 일도 없는데 말입니다. 그래서 이튿날 물어봤죠. '이제 퇴근해도 됩니까?'라고."

돌아온 답변에 그는 놀라고 말았다.

"'윗사람이 남아 있는데 무슨 말을 하는 거냐'라고 호통을 치더라고요. 그러면서 '일은 선배를 보면서 훔치는 거라'고 말하더군요. 마치 초밥집에 취직한 기분이었습니다."

그런 그도 3년차에 이직해 지금은 외국계 화학 회사에서 일하고 있다. 두 회사에서 일해 보니 가장 다른 것이 뭐냐고 물어보았다.

"꿈을 꿀 수 있느냐 없느냐지요. 대우는 그다지 다르지 않습니다. 오히려 수당을 포함하면 후지쯔가 더 많아요. 하지만 그때 그 일만 계속했다면 10년 후, 회사가 시키는 대로만 해서 자생력을 잃은 중년이 됐겠지요. 지금은 다릅니다. 매일 공부해야 살아남을 수 있어요. 물론 10년 동안 계약 갱신을 해줄 가능성은 없지만요."

후지쯔의 파벌사회는 여전히 쇄국 정책을 고집하고 있다.

전문가를 원하지 않는 기업

믿기 어렵겠지만 후지쯔에는 "고학력이나 특수한 자격을 가진 신규 졸업자는 필요 없다"고 딱 잘라 말하는 관리자들이 많다. 그들은 대학 공부에 전혀 기대하지 않고, 조직 내 밑바닥에서부터 길러나가는 것이 최선이라고 생각하는 모양이다.

그렇다면 석사보다도 학사가 낫고, 유학파 따위는 입사 대상도 되지 않는다. 어쨌든 머릿속에 쓸데없는 지식이 들어 있지 않는 편이 낫다. 그들이 가진 신입 사원 양성 조건에 맞춰가는 '유연한 인간'이 가장 바람직하다. 마케팅이나 경영에 관한 전문 지식을 가진 신입 사원을 억지로 받아들인다 해도 서로 적응 못하기 때문이다. 특히 문과의 경우 졸업 논문에서 다뤘던 주제를 회사에서 살리려면 몇십 년이나 기다려야 한다.

이 실상에 대해 다른 의견을 가진 사람이 많을지도 모른다. 적어도 이과 계열 학생들의 대학원 진학률은 해마다 상승하고 있으며 현재는 70퍼센트를 넘고 있기 때문이다. 만약 기업이 고도의 전문성을 가진 학생을 꺼린다면 이런 진학률 상승은 있을 수 없는 일이니까.

그러나 이과 계열의 취직에는 '교수의 추천'이 많은 부분을 차지한다. 기업은 대학에 구인 수를 배분하고 교수는 그 수에 맞게 전공 학생들을 추천하는 방식이다. 그리고 석사부터 우선 추천 대상이 된다. 이런 방식이 지배적이기 때문에 학생들은 자신의 전공 분야에 흥미가 없어도 취직이 유리한 대학원에 진학하게 된다. 이렇게 해서 기업은 마음에도 없는 많은 석사 학위자들을 채용하고 있는 것이다.

물론 높은 전문성이 요구되는 연구직이나 극히 일부의 개발 엔지니어들은 예외다. 여기서는 반대로 석사 이상의 전문성이 필수다. 그러나 연구 내용이 기업의 업무와 직결하는 행운은 거의 없다. 석사 학위자들도 바닥에서부터 업무를 배워나가야 한다. 게다가 학사보다 임금이 높기 때문에 기업은 당연히 거기에 상응하는 성과를 요구한다.

왜 이런 모순이 계속되고 있는 걸까?

분명 기업이 원하는 인재를 양성하지 못하는 대학에 책임이 있다. 그러나 대학은 신입 사원을 연수하는 곳이 아니다. 본질적인 문제는 기업이 파벌사회라는 데 있다. 개인을 규격화하고 그 축적에 의해 비대해진 조직을 유지하기 위해서는 대학의 교육을 특성도 없고 개성도 없게 만들어야 하기 때문이다. 문과 계열 학생의 경우는 상황이 더 심각하다. 기업은 문과 계열 학생의 젊음과 유연성만을 필요로 한다. 전문성이나 기술은 의미가 없다. 그러니 학생들도 굳이 매일 수업을 들으려 하지 않는다. 실제로 경제학부나 법학부를 수석으로 졸업한 채용 희망자를 매력적인 대상으로 생각하는 인사 담당자는 없다. 인사 담당자는 파벌사회의 규칙을 너무 잘 알고 있기 때문에 학구적인 인재를 꺼린다.

학생에게 아무것도 기대하지 않는 기업. 그것을 빌미로 공부하지 않는 학생들. 이런 악순환 속에 과연 일본 기업의 미래가 있을까?

관리직은 곧 명예직

파벌사회는 인력 낭비가 큰 조직이다. 학생과 기업의 부조화는 말할 것도 없고 중장년층에까지 똑같은 문제가 일어나고 있다. '연령별 틀에 끼워 맞추기' 때문에 발생한 인력 낭비는 이쪽이 훨씬 심각하다.

대기업에서는 30대 후반에 관리직 ― 보통은 과장 ― 이 되는 것이 아직은 일반적이다. 관리직이 되면 노조에서 탈퇴하고 각종 수당도 끊기지만 보통은 일반 직원보다 훨씬 대우가 좋다. 관리직이 연봉제인 경우에도 마찬가지다. 후지쯔는 과장이 1,000만 엔, 부장이 1,200만 엔 정도 받는다. 좋아지는 것은 대우뿐만이 아니다. 업무의 질도 양도 줄어든다.

실무 일선에서 물러나 단지 아래 직원들 관리만 하면 나머지는 모두 아래 직원들이 알아서 일해준다. 예를 들어, 영업의 경우, 고객을 직접 상대하는 기회가 줄어들 뿐 아니라 자료나 숫자 처리 등의 사무 업무도 아래 직원에게 맡겨버린다. 나머지는 도장을 찍는 일뿐이다. 좋게 말하면 권력자의 여유겠지만 나쁘게 말하면 거의 노는 수준이다. 실제로 관리직은 명예직이기 때문에 이것이 당연하고 생각하는 사람이 많다. 물론 모든 관리자들이 그런 것은 아니다. 그러나 관리자로 승진한 후 대부분 이렇게 변한다. 하지 않아도 될 일을 적극적으로 할 사람이 없으니, 만약 아직도 자신의 업무에 매력을 느끼는 사람이 있다면 매우 독특한 사람일 것이다. 대기업 샐러리맨 중에서 자신의 일에 매력을 느끼고 있는 사람이 도대체 몇 명이나 될까?

이런 경향은 부장이 되면 더욱 심해진다. 과장 때는 아래 직원들과 함께 일하던 사람들도 부장이 되면 마음놓고 의자를 젖히고 앉아 신문을 읽고 부서비로 먹고 마신다. 막차를 탈 수 있는 시간에도 고객용 택시 티켓으로 귀가한다. 귀찮은 PC 설정이나 바이러스 백신을 업그레이드하는 일은 아래 직원이 다 해준다. 상사에게 자료를 정리해 내일 중으로 제출하라는 말을 들으면, 그대로 아래 직원에게 넘기고 자신은 정시에 퇴근해버린다. 잡지에 나오는 최신 기술 동향 정도는 보지만 그 이상은 배울 필요가 없다. 회사에서 부장들에게 그것을 요구하지 않기 때문이다.

이는 후지쯔만의 문제가 아니다. 당신 회사에도 이런 관리자들이 반드시 있을 테니까.

만약 회사가 파벌이 아니라 완전한 성과주의라면 이런 관리자들의 대우는 즉각 신입 사원 수준으로 떨어질 것이다. 그러나 애석하게도 후지쯔에는 강등제도가 없다.

물론 그들도 할 말이 있을 것이다. 사업 방침을 결정하거나 아래 직원들을 관리 육성하는 책임을 지고 있다고. 그러나 실제 비즈니스를 좌우하는 결정은 경영진이나 본부장, 사업부장급에서 하고, 아래 직원들의 관리 육성은 도대체 무엇을 말하는지 나는 모르겠다. 나는 그들이 그런 종류의 업무를 하고 있는 것을 본 적이 없다.

이처럼 40대 이상의 중간 관리자들은 완전 명예직인 상황이다. 성과주의를 표방하면서도 놀고 있는 직원을 허용하고 있다. 후지쯔에 이런 명예직은 놀랍게도 전 직원의 30퍼센트를 차지한다. 그리고 그들의 연봉은 평균 1,000만 엔을 훨씬 넘는다.

급여도 연금처럼 붕괴한다

일본 기업의 화이트칼라들의 생산성은 미국에 비해 현저히 낮다. 그 이유는 관리직들의 대활약 때문이다.

"관리직의 역할은 아래 직원에게 꿈이나 사기를 불어넣어 주는 것"이라고 정색하고 나서는 관리자도 가끔 있다. 자원 봉사라면 모를까, 그런 고액 연봉자들이 회사의 30퍼센트나 있다는 것은 아래 직원은 물론 투자자에게도 피해가 될 뿐이다. 말을 채찍질해 달리게 하는 사람도 필요하지만 그런 사람이 너무 많으면 말도 지쳐서 달릴 수 없다.

그리고 30퍼센트라는 건 현시점이고, 앞에서 말했듯이 젊은 직원들이 줄어들수록 연금처럼 그들을 부양해야 하는 아래 직원들의 부담은 더 커진다. 현재는 20퍼센트의 인건비를 받고 있는 세대가 전체를 지탱하고 있지만 연공서열이 계속 유지되면 이 불균형은 더 심각해질 것이다.

일반적으로 매출이 안 좋은 기업은 신입 사원 채용을 줄이는데, 이것은 직원들의 평균 연령만 높이는 효과밖에 없다. 경영자들에게는 악몽 같은 숫자다. 실제 매출에는 거의 공헌하지 않는 고액 연봉자들의 수가 늘어나고 있다는 것을 경영자들은 잘 알고 있다. 때때로 1만 명 이상의 직원을 구조조정 하고 같은 해에 수백 명의 신입 사원을 채용하는 기업을 종종 볼 수 있는데, 그 이면에는 이러한 연공서열 조직의 사정이 있는 것이다.

여기서 유의해야 할 점이, 현재 2, 30대 직원들은 자신이 관리직으로 승진했을 때 지금만큼 대우받지 못한다는 것이다. 후지쯔를 비롯해 이미 많은 대기업들이 정기 승급을 폐지했고, 업적에 따른 상여금 지급으로 바꾸고 있다. 아직 연공서열제를 유지하고 있는 기업에서도 예전과 같은 서열에 따른 기본급 상승은 없다. 그러니 지금의 젊은 세대는 자기들이 봉사하고 있는 상사들에 비해 낮은 급여를 받을 수밖에 없다. 게다가 조직도 더 이상 커지지 않기 때문에 자리도 늘어나지 않는다. 아마도 정년퇴임까지 관리직에 올라가지 못하는 직원이 10배 가까이 늘어날 것이다.

이를 악물고 40대까지 버티면 안정된 생활을 보장받을 수 있다고 생각하는 젊은 직원이 있다면 상당히 어수룩한 사람이다. 그들의 미래가 기다리고 있는 것은 지금과 같은 상사가 아니다. 그런 사람은 출세 가도에서 떨어져 나와 계속 평사원으로 머물면서 사무실 집기를 보수하거나 지원 업무를 하며 피폐해질 것이다.

결국 파벌사회는 떨어질 때도 '함께' 해야 한다.

연공서열제도의 합리성

연공서열은 끊임없이 조직을 확대하고, 비즈니스 모델이 변하지 않는다 — 변화가 있다 해도 아주 완만한 — 는 전제가 없으면 유지할 수 없다. 이것이 유지되면 매년 안정적으로 젊은 인재를 확보할 수 있다. 이 인사제도에서 제일 중요한 것은 '어떻게 개개인의 능력을 길러낼 것인가'가 아니라 '어떻게 개개인을 규격화할 것인가'이다.

이렇게 생각하면 파벌사회의 규율에도 나름대로 존재 이유가 있다. 성과주의는 각본도 무대 설정도 정해지지 않은 프리스타일 연극이지만, 연공서열제도는 조상에게 물려받은 '관례'에 따라 정해진 의상과 무대에서 매번 똑같은 연기를 하는 가부키와 같다. 전자는 배우가 자유롭게 재능이나 기량을 살릴 수 있는 반면 실제 관객의 반응은 공연을 해보기 전까지 전혀 예측할 수 없다는 위험 부담이 있다. 그러나 가부키는 배우에게 독창성이나 신선한 감동을 기대할 수 없지만 관객의 반응은 물론 흥행 성적까지 예측이 가능하다.

그렇다면 기업 입장에서 어느 쪽이 이상적일까? 물론 연공서열제도이다. 매출이 계속 올라가고, 비즈니스 모델을 바꾸지 않아도 되니 이렇게 편할 수가 없다. 비즈니스 방식도 완전히 규격화할 수 있다. 맨 처음 매뉴얼을 만드는 사람만 머리를 쓰면 다른 사람들은 그 매뉴얼에 따라가면 된다. 역대 담당자가 노하우를 기반으로 조금씩 만들어낸 관례를 답습하면 항상 안정된 성과가 약속된다. 이 경우 인재 육성에서 가장 중요한 것은 '관례의 계승자'이다. 목표 달성형 퍼포머보다 파벌사회를 흔들지 않는 인간이다. 직원들을 끼워 맞춘다는 발상은 여기서 나온 것이다.

직원의 유효 기간은 법률에 의해 예순 살이라고 정해져 있으니, 그것을 정점으로 서열과 직위를 결정하고, 나이와 함께 권위를 가지도록 틀을 짜 나간다. 매년 각 부서에 전년도에 배치한 숫자보다 많은 신입 사원이 배치된다. 이렇게 하면 연령별 그래프는 아름다운 피라미드를 그리게 된다. 1980년대, 대기업 직원의 평균 연령은 30대 전후였다. 필연적으로 30대 후반에는 10명 정도의 젊은 직원을 두는 관리직이 될 수 있었고, 그후에도 근속 연수에 따라 부장 이상으로 올라가는 조직이 형성됐다.

소름이 끼칠 것 같은 이 상황은 이런 불황과 사회 구조의 변화에도 불구하고 아직 살아남았다. 그 전형이 후지쯔다. 그러나 더 이상 지탱하기 어려울 것이다. 파벌사회를 유지하면 언제가 멸망할 수밖에 없기 때문이다. 현재 신입 사원들의 수는 이 형태를 유지하기 위해 필요한 숫자의 20퍼센트에도 미치지 않는다. 만약 후지쯔가 붕괴된다면 그것은 성과주의가 아니라 파벌사회 때문이다. 그리고 이 제도를 양립시킨 죄가 더 크다.

5. 인사부가 먼저 변해야 한다

본사 인사부에 대한 의혹

후지쯔의 성과주의가 실패로 끝난 원인을 딱 하나만 들어야 한다면 제도적인 결함, 연공서열제도가 뿌리 깊이 남아 있는 기업문화, 관리자들의 무능함 등 여러 가지 요소를 제쳐두고, 인사부라는 부패한 조직을 언급하지 않을 수 없다. 믿기 어려울지 모르겠지만 그들이 무대 뒤에서 해왔던 일, 그들의 가치관, 그리고 그들 자신의 목표관리를 검증해보면, 성과주의의 본질을 가장 이해하지 못했던 것은 다름 아닌 인사부라는 것을 알 수 있다.

인사부에 적을 두고 있었던 만큼, 이것은 내가 실제로 느낀 것이다.

내가 전직을 생각하기 시작한 것은 인사 부문의 인사 이동 때문에 본사 인재 채용 담당으로 배치된 무렵이었다. 가와사키에서의 인사 업무보다 본사의 채용 업무가 회사에서 볼 때 더 좋은 자리였지만 내게는 그렇지 않았다.

나도 목표관리가 왜곡되는 것을 체험했다. 처음으로 목표 시트를 작성했을 때의 일이다. 이 무렵 조직 개편으로 그때까지 부서별로 나눠져 있던 일반 인사 업무가 집약돼 나는 가와사키 공장의 퇴직 관련 업무를 혼자서 담당하게 되었다. 이중에는 퇴직금 처리까지 포함돼 있었다. 이랬다 저랬다 바뀌는 시스템에 대응하면서 많은 서류를 처리하거나, 한 달에 두세 명 정도 있는 사망자의 유족도 상대했기 때문에 나름대로 힘든 업무였다. 그러나 업무 자체가 기계적으로 돌아가는 일상 업무였기 때문에 확실한 목표를 세우기 어려웠다. 고민에 빠진 나는 다른 사람들 것을 참고하려고 몇십 명분의 목표 시트를 보았는데 대부분의 내용이 건성임을 알고 조금 안심했다. 그래서 나는 '품의가 올라오면 3일 내로 처리한다', '퇴직금 계산을 틀리지 않는다' 등 초등학교 수준의 목표를 세워 상사와의 면담에 임했다. 그런데 상사는 전혀 문제가 없다며 간단하게 목표 설정을 끝냈다.

이 기말에 나는 자기 평가 A, 1차 평가자의 평가 A를 받았지만, 최종적인 평가는 B였다. 나뿐 아니라 가와사키 공장의 동기 모두가 B였는데, 본사 동료들은 놀랍게도 모두 A였다. 이것을 알았을 때 오싹함을 느끼기는 했지만, 이미 '어떤 것'을 조금씩 감지했기 때문에 굳이 상사와 말할 필요를 느끼지 못했다.

어떤 것이란 한마디로 말해 인사부라는 조직 전체에 대한 의혹이다. 그리고 이 의혹은 점점 깊어졌다.

문제가 발생할 때마다 인사부는 그에 관한 제도 개선책을 내놓았지만 그것은 대부분 개선이 아니라 개악이었으며, 성과주의의 결함은 방치됐고, 직원들의 불만은 계속 쌓여갔다. 그중에서도 가장 심한 건 평가의 인플레이션이 일어나자 사내 승급 기준을 아무렇지 않게 끌어올린 것이다. 인사부에서 발표한 대로 열심히 직원들을 평가하여 억지로 차이를 매기고 있던 사업부는 어처구니없었다. 그리고 인사부 마음대로 목표 설정 시기를 미루자 직원들의 실망은 절망에 가까웠다. 나중에 설명하겠지만 이 개정은, 제도 도입 직후 희망에 불타올라 목표를 세웠던 직원들의 마음을 짓밟아버렸다. 성과주의 근간을 무너뜨렸다고 해도 과언이 아니다.

여담이지만, 나는 다른 부서의 목표 시트도 본 적이 있는데 대부분이 전혀 목표라고 할 수 없는 것들이었다. 일반 직원들은, 예를 들어 '너는 미즈호 은행 시스템 담당'이라고 부서에 배치되면, 그 업무에는 여러 명의 담당자가 있고 그중 그가 할 일은 단순한 업무 연락뿐이다. 그러면 팀 전체의 목표는 있을 수 있어도 개인의 목표를 설정하기는 불가능하다. 실제로 수치 목표를 가질 수 있는 직원은 PC 판매 부서에나 있지 않을까?

우대받는 본사 인사부

나는 등급이 4급인 시절부터 본사 인사부에 대해 약간의 의혹을 가지고 있었다. 4급 때는 내가 아닌 상사로부터 일방적인 평가가 내려지는데, 가와사키를 포함하여 지방 근무 동기들은 모두 B 평가이고 본사의 동기들만이 A 평가라는 것을 알았기 때문이다. 당시는 신출내기, 파벌사회의 표현을 빌리자면 견습 사원에 지나지 않았기 때문에 그냥 이상하다는 정도였다.

이런 나의 의혹이 뚜렷해진 것은 2002년 가을, 다시 본사 인사부로 이동했을 때였다. 이때는 가와사키 공장의 이공계 인재 채용을 담당했지만 소속은 본사였다. 그러자 갑자기 대우가 좋아졌다. 믿기 어려운 말이지만, 나는 상사로부터 "자네는 B 평가밖에 없는데 무슨 실수라도 했나?"라는 말을 들었다. 이 한마디로 나는 본사 인사부가 모두 A라는 것을 알게 됐다. 실제로 그후 내가 아무리 대충대충 해도 A였다.

한 부서 내에서도 평가에 차이를 두는 것을 지상 명령으로 통보해놓고서는, 본사 인사부만이 특권을 향유하고 있었다. 성과주의는 대외적인 홍보용에 지나지 않았고 제 기능을 전혀 하지 못했다.

기억을 더듬어보면 입사 당시부터 회사 분위기는 뭔가 모르게 침체돼 있었다. 신입 사원이라 제대로 인식하지 못했지만 선배들에게서 "예전에는 이렇지 않았다"는 소리를 많이 들었다. 1992년, 처음으로 적자를 냈을 때 회사 전체가 하나가 되어 일했다고도 했다. 이런 분위기에 비하면 인사부는 활기찬 모습이었다. 도쿄대학, 교토대학 등의 엘리트 집단인데다가 모두 A를 받고 있었기 때문에 신인사제도를 진심으로 훌륭한 제도라고 믿었다. 아키쿠사 전 사장이 직원들이 일을 하지 않기 때문이라고 말했을 때도, 인사부만은 그와 같은 마음이었을 것이다.

그런 상황에서도 인사부 내의 나의 동기 열네 명 중 이미 여덟 명이 퇴사했다(2002년 말). 더욱 놀라운 것은 800명이던 내 동기 중 20퍼센트가 같은 시기에 퇴사했다. 가와사키 공장의 중견 엔지니어의 말을 여기서 되새겨보자. 그는 승진이 결정됐는데도 회사를 그만뒀다. 그는 승진이 되어 평가를 내리는 쪽에 서야 하는 자신을 용서할 수 없다고 했다. 사기에 협조하기 싫다는 그의 말이 아직도 내 마음속에 깊이 각인돼 있다.

지는 걸 알면서도 늦게 내는 가위바위보

확실하게 말해두지만 후지쯔 인사부는 사기 집단이다. 후지쯔의 인사제도 개혁은 이 집단에 의해 왜곡됐다.

도대체 언제부터 후지쯔의 인사부는 이렇게까지 부패하고 타락한 걸까?

인사부는 성과주의를 가장 잘 이해하는 부서이므로 문제가 생겼을 때 발 빠르게 대처했어야 마땅하다. 그러나 그들은 그것을 방치하거나 개악을 되풀이했다. 현장의 불만이 비명처럼 쏟아지고, 회사 내의 모든 숫자를 봐도 이 제도가 제 기능을 못하고 있는 것이 명확한데도 이렇다 할 조치를 취하지 않았다. 이직률 상승이 이를 정확히 경고하고 있었다. 그러나 인사부에서 실시한 것은 상대평가에서 절대평가로의 이행 등 잔머리 수준의 개선뿐이었다. 이것은 진다고 뻔히 알면서도 나중에 내는 가위바위보 — 보통 가위바위보에서 늦게 내면 반드시 이긴다 — 와 마찬가지였다. 그중에서도 최악의 개선책은 평가의 인플레이션이 발생했을 때였다. 이때 인사부는 사내 승급 기준을 올려버렸다.

그렇다면 인사부는 왜 이런 개악을 실시한 걸까? 일단 조직의 계층별 피라미드를 유지하고 싶었기 때문이다. 즉, 순전히 인사부의 사정에 따른 것이다.

속임수란 하나를 써버리면 또 속임수를 써야 되는 상황에 이른다. 인사부는 이런 속임수를 되풀이했다. 그러면서 성과주의에 대한 믿음은 사라졌고, 드디어 직원들이 목표 시트를 제출하지 않는 상황에 이르렀다. 조금씩 목표 시트를 제출하지 않는 직원이 생겨나더니 2003년에는 그 비율이 30퍼센트를 넘었다. 그 30퍼센트의 직원들은 기말까지 한 달 남은 시점에서 인사부의 독촉에 못 이겨 억지로 작성해서 내놓았다. 덕분에 인사부에는 목표 시트를 제출하지 않는 직원들을 독촉하는 한심한 업무가 생겨났다. 기의 막판에 세우는 목표에 의미가 있다면, 이것이야말로 정말 늦게 내는 가위바위보이기 때문에 반드시 승리했다. 목표 달성은 그만큼 간단했다.

사장의 발언에 질려버린 직원들

왜 인사부는 근본적인 문제를 간과해버린 걸까? 회사 내의 변화를 가장 먼저 감지하고 있었고, 재검토를 할 여력도 충분했다. 한 달을 남겨두고도 목표를 설정하지 않는 직원들에게 재촉할 정도라면 차라리 제도를 다시 검토하는 편이 나았다. 그런데도 하지 않은 이유는 관리직의 '뒤로 미루기' 때문이다.

그러면 왜 인사부는 마치 일본 공무원의 특기처럼 뒤로 미루기만 한 걸까?

이유는 간단하다. 인사부가 제도의 근간을 흔들 수 있는 재검토를 실시하면 이미 비공식적으로 인터넷이나 일부 언론에 소문이 돌고 있는 성과주의의 실패를 공식적으로 인정하는 꼴이 되기 때문이다. 인사제도의 개혁은 인사부 전체의 목표였기 때문에 그것이 실패했다고 하면 인사부 전원의 평가가 떨어지게 된다. 매출이 떨어진 후지쯔에 유일한 간판은 성과주의이며, 그 간판은 후지쯔의 체면이다. 그리고 인사부는 성과주의를 등에 지고 구조조정을 한 적도 있다. 그것마저 실패라는 것이 확인되면 인사제도 개혁으로 임원까지 오른 사람들, 쾌적한 본사 사무실에서 항상 SA, A만 받았던 본사 인사부 직원들은 어떻게 되겠는가? 지고 있는데도 결코 패배를 인정하지 않는 후지쯔의 인사부는 마치 태평양 전쟁의 사령본부와 똑같은 정신 상태를 가지고 있는 것 같다.

단 한 번 인사부에서 자신들의 실패를 인정한 사건이 있었다. 2001년에 아키쿠사 전 사장의 발언이 언론에 대대적으로 보도됐다. "앞으로는 진행 과정도 평가에 포함합니다." 알맹이 없는 이 발언은 인사부와 사전에 아무런 상의도 없이 사장이 내뱉은 말이다. 이 말에 대해 〈아사히신문〉은 이런 제목을 붙였다. '성과주의 임금, 후지쯔가 재검토, 실패를 두려워한 도전 부족'.

업무의 목표를 설정하여 그 달성에 따라 대우와 임금을 결정하는 성과주의 임금인사제도를 선구적으로 도입한 후지쯔(아키쿠사 나오유키 사장)가 4월부터 제도의 재검토를 실시한다. '단기적인 목표만 있을 뿐 히트 상품이 나오지 않는다' 등의 폐해가 잇따르자 앞으로는 진행 과정이나 잠재력을 중시하여 평가하도록 개정한다고 한다. 제일 먼저 추진하여 타사의 모델이 되어온 후지쯔의 방침 전환은 기업의 임금제도 전체에 큰 영향을 미칠 것으로 보인다.

(중략)

최근 몇 년간, 후지쯔 사내에서는 임금제도의 폐해에 이의를 제기하는 목소리가 들려왔다. 실패를 두려워한 나머지 장기간이 소요되는 높은 목표에 도전하지 않게 된 탓으로 ①히트 상품이 나오지 않고, ②납품한 상품의 애프터 서비스 등 눈에 띄지 않는 업무에 소홀해지자 문제가 빈번하게 발생해 고객이 떨어져나가고, ③자신의 목표 달성에 힘이 부쳐 문제가 발생해도 남에게 미룬다.

(중략)

이번 재검토에서는 단기적인 성과만 평가하는 것을 그만둔다.

장기적인 프로젝트나 결과가 실패로 끝난 업무라도 얼마나 열의를 가지고 임했는지도 고려하는 프로세스를 중시한다. 또 목표를 달성한 직원이기 때문에 승진시키는 것이 아니라, 그 자리에 적임자인지도 승진의 판단 요소가 되도록 한다.

아키쿠사 후지쯔 사장의 이야기. "일본 사회에 뿌리 내리기는 어려웠다. 현장에서는 운용이 잘되지 않는 면도 있었다. 평가의 구조를 각 부서 실정에 맞춰 일본형 성과주의를 정착시키고 싶다. 연공서열제로 되돌아가는 일은 결코 없다."

〈아사히신문〉 2001년 3월 19일

이 기사를 읽은 인사부 직원들은 공포에 질렸다. 지금까지 우쭐해서 여기저기 떠벌리고 다닌 것을 후회했다. '일본의 고용을 근본적으로 바꾸는 시스템, 조직의 경쟁력을 높이는 능력주의'라는 선전 문구에 알맹이가 없다는 것을 그들도 알고 있었지만, 어쨌든 이 제도 개혁은 단지 후지쯔만이 아니라 일본 기업의 표준이 되었다. 그러므로 이제 와서 되돌아갈 수 없었다

인사부의 독재와 블랙리스트

여기서 후지쯔의 인사부 구조에 대해 간단하게 설명하겠다. 후지쯔의 인사부는 크게 두 가지로 나뉜다. 그 하나가 본사로, 제도 전반의 기획이나 노사 협상을 한다. 다른 하나는 전국 각지의 사무소에서 제도를 실제 운용하는 인사부다. 둘은 전혀 다른 조직

이다. 전자는 모든 것을 결정하고, 후자는 단지 시키는 대로 실행하는 권한밖에 없다. 이것은 관료의 커리어career(일본 중앙관청에서 국가 공무원 시험 1종 합격자를 이르는 말-옮긴이)와 논커리어non-career(일본 중앙관청에서 국가 공무원 시험 1종 합격자가 아닌 공무원을 이르는 말-옮긴이)의 관계와 비슷하다. 목표관리 시스템에서 전자는 후자의 절대적인 평가자다.

인사부는 연공서열제도로 조직이 구성된다. 인사 담당 임원을 정점으로 한 피라미드 조직이다. 이 조직의 견고함은 말로 표현할 수 없을 정도다. 신입 사원들은 윗사람에게 대항하면 큰일 난다는 경고를 선배로부터 수도 없이 듣는다. 그리고 제도를 비판한 자는 반드시 좌천된다. 선배들은 그런 경우를 많이 보아왔기 때문에 배려 차원에서 하는 말이다. 이러니 인사부의 직원들은 충성스런 개가 될 수밖에 없다. 거의 모두가 자신의 의견을 피력하지 않는다. 제도의 개선은 기대할 수 없는 상황이다. 그러나 여기서 생각을 바꿔보면 이 제도는 실로 인사부에 딱 맞다고 할 수 있다. 이 제도를 내세우면 인사부의 독재 체제를 구축하기가 쉽기 때문이다.

신인사제도를 시작할 무렵부터 각 현장의 인사 담당자들은 이미 제도가 만들어낸 문제에 직면했다. 각 사업부에서 제출한 평가가 모두 제도에서 인정하는 평가 분포를 크게 웃돌고 있었기 때문이다. 평가뿐만 아니라 승급에서도 현장 인사 담당에게 할당된 숫자보다 훨씬 많은 사람들이 승급 후보자로 추천되었다.

이 문제의 원인이 관리자들의 서로 봐주기에만 있었던 것은 아니다. 그들 입장에서는 정해진 제도에 따른 평가 결과였다. 문제는 목표관리제도를 도입하면서도 상대평가에 따른 평가의 제한을 남겨둔 인사제도 자체의 결함이었다. 승급의 제한 범위도, 평가의 인플레이션 때문에 갑자기 승급 기준이 엄격히 바뀌기는 했어도 직접 아래 직원을 관리해야 하는 관리자들이 그런 안이한 이유를 설명하기는 어려웠을 것이다.

그러나 이 문제를 해소하기 위해 현장의 인사 담당자는 성과주의와는 무관한 아주 더러운 방법을 사용했다.

인사부에는 블랙리스트가 있다. 병이나 근태 불량 등으로 결근이 많은 사람, 그리고 개인적인 문제가 있는 사람들이 이 리스트에 올랐다. 이 리스트에 오른 사람들은 평가위원회나 승급 평가에서 무차별 공격을 받았으며 이전의 높은 평가나 승급 후보 자리에서 끌려 내려와야 했다.

후지쯔의 인트라넷에는 누구나 자유롭게 발언할 수 있는 사내 게시판이 있다. 거기서 직원들은 새로운 비즈니스 계획부터 인사제도에 이르기까지 폭넓은 토론을 벌이고 있다. 그런데 이 게시판을 인사부가 몰래 관리했다. 인사제도에 비판적인 직원들은 당연히 블랙리스트에 추가되었다. 참고로 인사부는 이 게시판을 '게슈타포 게시판'이라 부른다.

성과주의 만족도 90퍼센트

인사부의 독재 체제하에서 공격받은 사람들은 블랙리스트뿐만이 아니었다. 블랙리스트 관리가 별로 효과가 없자 이번에는 육아나 간병 등으로 시간제 근무를 선택한 사람들, 초과근무 시간이 적은 사람들, 연차를 많이 쓴 사람들을 집중 공격하기 시작했다. 단순히 '다른 직원들보다 노동 시간이 적기 때문에 성과도 적다'는 사무적인 이유 때문이다. 성과주의와는 정반대의 이론이다.

이리하여 직원들은 목표 달성뿐만 아니라 초과근무나 연차 잔여 일수, 그리고 과거의 직무 경력까지 거의 연공서열식으로 평가받게 되었다.

목표관리제도 개혁에 번번이 실패한 인사부가 큰 성공을 거둔 것이 딱 한 가지 있다. 이 제도를 도입한 후 두 번째로 '제도에 대한 만족도'를 조사했다. 첫 번째 조사에서는 직원들로부터 상당한 문제 지적이 있었다. 또 제도 자체의 결함이나 모순을 지적하며 개선책을 제안하는 사람들도 많았다. 인사부는 이 목소리에 귀를 기울였어야 했다.

그러나 게슈타포 인사부의 반응은 아주 놀라웠다. 인사부는 그 결과를 위에 보고하지 않았다. 오히려 불만이나 의견을 적은 직원들을 호출해 면담하도록 각 사무소에 지시했다. 개별적으로 상사와 '압박 면담'을 받은 직원들은 시스템에 대한 비판을 억제하는 좋은 본보기가 되었다. 두 번째 실시한 설문 조사에서 그 위력이 발휘되어 신인사제도에 만족한다는 직원 비율이 70퍼센트에서 단숨에 90퍼센트를 넘었다. 당연한 결과다. 직원 코드를 입력해서 회답해야 하는 설문 조사에서 블랙리스트에 오를 만한 비평을 담을 자는 없다.

물론 이 결과는 위에 보고됐다. 그리고 '직원의 만족도를 올린다'는 인사부의 목표가 달성돼 담당자는 SA 평가를 받았다.

인재 선택의 모순

최근 유행하고 있는 인재관리 방법 중에 컴피턴시competency라는 개념이 있다. 풀어서 말하면 '실제로 업무 수행에 도움이 되는 능력'이다. 고도 성장기의 많은 인원을 일괄 채용하는 방식에서 엄선된 인재를 선별하는 방식으로 옮겨가면서 인재 컨설턴트가 수입한 말이다. 쉽게 말해 미래의 기업은 업무 수행 능력이 있는 인재를 요구한다. 그래서 기업은 자사에 맞게 컴피턴시를 가진 인재 모델을 책정하여 그것에 맞는 인재를 적극적으로 평가해야 한다.

이 컴피턴시 보급을 서두른 이유는 신입 사원의 빠른 이직 때문이다. 이 경향은 업종을 불문하고 1990년대 이후 눈에 띄게 증가하고 있다. 현재 입사 5년 이내에 이직하는 대졸 신입 사원의 비율이 30퍼센트를 넘었고, 불황에도 불구하고 매년 늘어나고 있다. 이런 현상은 파벌사회의 문제 때문에 발생한다. 그러므로 이것이 없어지지 않는 한 신입 사원들은 기업에 정착하지 못할 것이다.

 물론 이 숫자는 기업 규모를 불문하여 집계한 것으로 상대적으로 높은 대우를 보장하고 있는 대기업에서는 이직률이 훨씬 낮은 편이다. 그러나 후지쯔의 신입 사원 이직률은 같은 업계의 평균보다 훨씬 높다. 전기 계열 대기업들이 평균 10퍼센트가 될까 말까 한 수준인 데 비해 후지쯔는 해에 따라 20퍼센트가 넘는다. 젊은 사람들의 능력을 키워주는 회사가 아니라 쫓아내는 회사다. 헤드헌팅 회사에는 기회가 닿으면 이직하려는 후지쯔의 젊은 직원들로 가득 차 있다.

 당연히 후지쯔 인사부는 조바심이 났다. 그래서 새로운 인재 활용 방법인 컴피턴시에 달려들었다. 당장 그만둘 것 같은 불량품을 선별하고, 우수한 인재를 보다 효율적으로 채용하는 것이 목적이다. 인사부는 컨설턴트에게서 "우선 지금 회사에서 활약하고 있는 인재들을 표본화하라"는 조언을 받았다. 조직에 맞는 인재 모델을 책정하기 위해서다. 그래서 채용 담당자는 과거 몇 년 동안 입사한 신입 사원 중에서 채용할 때 높은 평가를 받았던 사람들의 이후 사내 직위와 성적을 조사했다. 그런데 그 결과가 충격적이었다. 평가가 높았던 신입 사원 대부분이 5년 이내에 퇴사했다. 특히 1998년 이후 입사한 직원들 중 상위 10퍼센트가 3년 내에 거의 모두 퇴사했다.

 인사제도의 큰 실패다. 후지쯔의 내일을 짊어질 인재는 가장 먼저 퇴사하고, 숫자를 맞추기 위해—인사부의 생각이 그랬다―뽑은 나머지밖에는 남아 있지 않았으니까.

이 어처구니없는 현실은 인사부의 머릿속에 있는 이상적인 인재상과 실제 실무에 필요한 인재상 사이에 상상할 수 없을 만큼의 괴리가 존재한다는 것을 증명한다. 후지쯔의 인사부가 선호하는 인재는 고학력, 특수 자격 그리고 진취적 기상이 넘치는 학생―최근 2, 3년 동안 그런 인재는 후지쯔에 입사 지원서를 안 내고 있지만―이었다.

그런데 2000년에 실시한 사업부장급의 인재상 조사에서는 '체력과 근성'이라고 답한 사람이 많았다. 회사 내에서 원하는 인재는 인사부와 엄청난 차이가 있었다. 파벌사회에서 고학력이나 특수 자격은 필요하지 않다. 신입 사원을 배치할 때도 고학력이나 특수 자격자는 원하지 않는다. "석사는 필요 없다"고 딱 잘라 주문하는 관리자가 많다. 그러니 우수한 인재들이 회사에 남아 있을 이유가 있겠는가.

아마 컴피턴시 조사를 권했던 컨설팅 회사도 깜짝 놀랐을 것이다. 지금도 회사에 남아 안정된 성과를 올리고 있는 우수 직원들이 정작 채용할 때 숫자를 맞추기 위한 나머지였으니까. 게다가 이 사실을 깨닫기 시작한 경영진에게서 "다른 회사에서 떨어진 사람들이 우리 회사에 지원하기 때문에 금방 그만두는 사람이 많다. 후지쯔가 제1지망인 인재만 모으면 그만두는 일도 없다"라는 말까지 들었다.

이 문제를 해결할 방법은 두 가지뿐이다. 초등학생도 아는 방법이다. 채용하는 인재의 기준을 완전히 바꾸든지, 아니면 회사 내부의 조직이나 제도를 근본적으로 개혁하든지. 어느 쪽이든 문제가 있겠지만, 둘 다 신인사제도를 부정하는 데서부터 시작해야 한다. 그러나 인사부는 어느 한쪽도 선택하지 않았다.

취직 인기 기업 순위 높이기 작전

결국 인사부는 언제나 그랬던 것처럼 문제의 근본 원인에는 눈을 감고 가장 탈 없는 방법을 선택했다. 신입 사원의 모티베이션 상승. 쉽게 말하면, 후지쯔에 입사할 때 높은 동기 부여를 해주면 노동 환경이 조금 열악하더라도 참아줄 것이다. 말하자면 무지한 학생들을 속여 그 자리를 얼버무린다는 작전이다.

그것을 위한 가장 손쉬운 방법으로 '취직 인기 기업 순위'를 높이는 작전이 실시됐다. 이 순위는 매년 매겨지는데, 순위 자체가 대충대충 매겨지는 경우가 많고, 조사 대상도 너무 광범위하기 때문에 기업에서 별로 중요하게 생각하지 않았다. 후지쯔도 이전에는 그랬다. 그러나 어느 해에는 100위 아래로 내려갔으므로 간과할 일이 아니었다.

후지쯔는 2003년 가을부터 취직 정보지 등 순위를 작성하는 매체에 광고를 많이 주었다. 이렇게 하면 매체는 어느 정도의 순위를 확보해준다. 또 조사 회사로부터 언제, 어디서 조사한다는 정보가 제공됐기 때문에, 순위를 확보하기 위해 그때를 맞춰 기업 세미나를 철저하게 실시했다. 이때는 데이쿄 대학이나 도쿄 경제대학 등 원래 후지쯔의 채용 대상이 아닌 곳에 가서도 세미나를 개최했다. 성과주의는 훌륭한 제도라고 실상을 알지 못하는 학생들에게 홍보했다. 그리하여 후지쯔는 학생들이 동경하는 인기 기업으로 변장하는 데 성공했다.

이 '알맹이 없는 우량 기업'에 반해, 아직 사회의 어두운 면에 면역성을 갖추지 못한 학생들이 이듬해 눈을 빛내며 후지쯔에 들어올 것이다. 그리고 그들 중 적어도 10퍼센트가 3년 내내 속았다는 것을 깨닫고 그만둘 것이다. 근본적인 문제는 전혀 개선하지 않은 채 자기들 상황에 맞는 목표만 추구한 인사부 직원은 높은 평가를 받을 것이다. 그러나 그 대가는 후지쯔 전체가 지불해야 한다.

불난 뒤 더 부자가 된 인사부

이런 어처구니없는 일을 하고서도 인사부의 권력은 흔들리지 않았다. 아니, 흔들리기는커녕 더욱 강화되었다. 성과주의는 인사부만을 천국으로 만드는 시스템이었다.

먼저 목표관리제도가 회사 여기저기에 미치게 되면서 인사부의 영향력도 강화되었다. 물론 그전에도 인사부의 평가가 있었지만 그것은 사업부가 내린 평가를 확인하는 정도였다. 성과주의 도입 후에는 평가의 기준이나 승급 요건 등 거의 모든 인사 문제에 인사부가 관여하게 됐고, 인사권에도 절대적인 영향력을 행사했다.

그리고 이 영향력은 일반 직원부터 관리직까지 차츰 위로 올라갔다. 예를 들어 신제도에서 관리직으로 승진한 사람은 엄격한 성적은 물론, 인사 부문 책임자와의 면담을 거쳐야 했기 때문에 당연히 그후에도 인사부의 영향을 받았다. 그리고 사업부에서 쥐고 있던 조직 변경권(관리직의 직위 조정)도 어느새 인사부에서 승인권을 지니게 되었다.

가장 충격적인 변화는 인사부 출신의 임원 탄생이었다. 인사부 출신 임원은 과거에도 있었지만 그때는 명예직이라는 인식이 강했다. 그러나 제도 도입 후의 승격은 경영진에게 평가받았다는 것을 의미하기 때문에 그전과는 다른 의미였다. 인사부 출신 임원은 회사 내의 모든 부문, 즉 조직과 인사권에 이르기까지 일정한 영향력을 행사할 수 있다. 물론 최종 평가자는 사장이지만, 그 평가 시스템을 만들고 목표 설정이나 평가 기준에 대해 조언하는 인사부 임원의 존재는 사업부 임원들에게 위협적이었다.

인사부는 권력만 강화한 게 아니다. 실질적인 규모도 커졌다. 다른 기업에서는 관리 부문을 축소하는 상황인데도 후지쯔의 인사부만은 '불난 뒤에 더 부자가 된' 격이다. 지금 일본 기업들은 생산관리나 일반 사무직의 정사원 채용을 중지하고 파견근무로 대체하고 있다. 또는 외부로 아웃소싱하는 곳도 있다. 그런데 후지쯔 인사부는 매년 정규 직원을 채용한다. 그것도 도쿄, 와세다, 게이오 대학 등 쟁쟁한 학력자들만.

그 결과 다른 부서에서 심각한 문제로 대두된 세대 간의 불균형은 인사부에서 별 문제를 일으키지 않고 있다. 오히려 총무나 사내용 시스템 개발부까지 산하로 흡수해버렸다. 그래서 관리직 자리는 예전보다 늘어났다. 일정 수의 젊은 직원 보충, 풍부한 사내 직위 확보. 그야말로 인사부는 홀로 자기 세상을 구가하고 있다.

가와사키 공장의 식당은 왜 맛없고 비싼가?

후지쯔 '리후레'라는 기업이 있다. 후지쯔 그룹의 식당 운영 사업을 담당하는 그룹 내 전문 회사다. 일반인들은 거의 모르지만 후지쯔 직원이라면 누구나 안다.

가와사키 공장의 식당은 이 회사가 운영하는 식당 중에서 제일 크다. 복수 층으로 되어 있으며, 좌석 수는 1,000개가 넘는다. 그중 한 층은 서양식 식당인데, 거기서는 몇십 가지나 되는 메뉴 중에서 마음에 드는 음식을 고를 수 있다. 고른 요리를 쟁반에 담고 계산 시스템에 올리면 자동적으로 급여에서 빠진다.

그런데 이 식당 요리는 맛이 없고 비싸다. 닭튀김은 몇 번이나 튀겨서 그런지 고무줄처럼 질기고, 감자 고기 조림에는 쓰다 남은 감자튀김을 사용한다. 여기서 생각 없이 정식 메뉴와 같은 반찬을 고르다 보면 어느새 1,000엔이 훌쩍 넘어버린다. 공장 근처의 식당에서는 같은 메뉴가 700~800엔이기 때문에 직원들은 대부분 공장 밖으로 나가 점심을 먹는다.

왜 이런 무성의한 식당이 전혀 개선될 기미가 보이지 않는 걸까?

물론 그곳에서 실제 조리를 담당하고 있는 사람들 탓이 아니다. 그들은 오히려 열심히 일하고 있다. 이 식당이 일반적인 수준보다 못한 이유는 한마디로 조직이 구식인 탓이다. 후지쯔 본사의 사업부와 마찬가지로 세분화된 조직과 수많은 관리직들이 비용 삭감과 업무 개혁을 방해하고 있다.

그리고 그것을 허용하고 있는 것이 후지쯔의 인사부이다. 식당을 운영하는 회사는 실은 인사 계열이 보유하고 있는 몇 안 되는 자회사이며, 당연히 관리직에 인사부 출신자들이 앉아 있다. 그러니 인사부의 대선배인 그들을 구조조정 하는 일은 있을 수 없다. 가령 구조조정 했다고 해도 이번에는 자기들이 미래에 있을 자리가 줄어든다. 그래서 인사부에서도 이 이야기는 금기사항이다.

후지쯔 그룹 내 어느 기업이 외부 식당 업체에 직원 식당 업무를 아웃소싱한 적이 있다. 그룹 계열사들은 직원 식당을 그룹에서 운영하는 자회사에 맡길 의무가 있다. 그런데 이 기업은 직원 규모나 입지 조건 면에서 수익성이 떨어진다는 이유로 식당 자회사는 입점을 거절했다. 할 수 없이 그 기업은 외부 급식 업체에 식당 운영을 맡길 수밖에 없었다. 그런데 채산성이 맞지 않을 정도로 직원 수가 적은 이 회사에는 지금 본사 식당보다 훨씬 맛있는 식사가 20퍼센트 이상 저렴한 가격으로 제공되고 있다. 물론, 수익도 내고 있다. 이 예를 보아도 후지쯔의 식당 자회사가 얼마나 쓸데없는 것에 많은 비용을 지불하고 있는지 알 수 있다.

후지쯔는 거대 기업인만큼 이권이 많다. 이런 인사부의 폭주를 방치하고 있으면 비용만 늘어날 뿐이다. 직원 식당은 직원들의 복리후생을 위해 저가로 식사를 제공하는 서비스여야 한다. 그런데 후지쯔는 직원들에게 맛없고 비싼 식사를 강요하여 남는 돈으로 자기 부서의 중장년층을 먹여 살리고 있다. 앞장서서 비용을 삭감하고 조직을 개선할 의무가 있는 인사부가 비만한 조직을 키우고 자리 확보에 혈안이 돼 있으니 일반 직원들은 구제받을 길이 없다.

인사부는 엘리트 집단

후지쯔가 처한 상황을 보면 인사부의 방만한 운용에 혀를 내두를 지경이지만, 적어도 그들은 이런 일에 신경 쓰지 않는 것 같다. 그들은 자신들이야말로 후지쯔의 진정한 엘리트이자 구세주라고 굳게 믿고 있다.

신입들은 성적 분포에 따라 사업부별로 엄격하게 차이가 정해진다. 그런데 이 견습 기간에 그들에게 할당된 업무는 차이가 보이지 않을 만큼 하찮은 것이다. 게다가 한 부서에 신입 사원이 여러 명 있는 경우가 없고 사업부 단위로 수가 정해진다. 이런 상황에서 차이를 정하는 것은 결국 상사들 간의 협상이다.

그런데 유일하게 젊은 직원들 거의 모두가 A를 받는 부서가 있다. 이미 아시겠지만 본사 인사부만이 제도의 규칙을 위반하고 있다.

나는 이것이 마음에 걸려 평가 담당 관리자에게 이유를 물어본 적이 있다. 대답은 아주 놀라웠다.

"우리 부서에는 후지쯔 전체에서도 가장 우수한 인재들이 있기 때문에 예외적인 조치가 필요한 거야."

그는 아주 멀쩡한 상태에서 이런 말을 했다. 이 얘기를 이공계 석사들만 몇십 명이 있는 핵심 제품 부문 직원들이 들으면 어떨까? 인사부는 그런 부서의 젊은 직원들에게 C를 포함한 가혹한 차별화를 강요한다.

그들은 인사부에만 SA, A를 보장하기 위해 전국 영업 지사에 있는 총무 계열 직원들—회의실이나 직원 숙소를 관리하거나 회사 차량 운전수까지 포함—을 평가 변수로 집어넣어 숫자를 맞추었다. 이런 식으로 자기들의 평가 인플레이션을 억제했다. 처음부터 높은 평가를 받을 수 없고, 스스로도 받으려고 하지 않는 전국의 수많은 직원들을 발판삼아 자신들의 상여를 쌓아왔다.

인사부 외의 사람들은 이것을 사기라고 말하지만, 그들은 후지쯔를 구제하기 위한 긴급 조치였다고 한다. 이렇게 인사부에 배치된 젊은 직원들은 우대와 선배들의 보살핌을 받아 진정한 엘리트로 성장한다.

어느 기업이나 마찬가지지만 인사부는 현장을 모른다. 입사

때부터 인사부에 배치돼 제도나 업무 규칙만 주입받는다. 그들의 눈은 늘 위에서 아래를 내려다보고 있으며 현장 직원의 시각은 무시한다. 그래서 현장에서 올라온 자료를 보고도 자신들의 수치와 실제 현장의 차이를 알아차리지 못한다. 당연히 자신들의 우수한 성과를 의심하지 않고, 책임도 지지 않는다.

그들의 업무 대상은 고객도 시장도 아니다. 항상 순종적이고 말이 없는 — 그들 생각에 — 회사 내부 직원들이다.

직원은 지배 대상이 아니다

인사부가 일반 직원들을 어떻게 생각하고 있는가는 구조조정을 보면 알 수 있다. 후지쯔의 구조조정은 지명 해고가 아니라 퇴직금을 더 주는 조건으로 희망 퇴직자를 모집하는 것이 중심이다.

이렇게 말하니 아주 간단하고 온화하게 보이지만 실제로는 그렇지 않다. 성적이나 근무 평가를 바탕으로 사전에 퇴직시킬 사람과 남겨둘 사람을 엄밀히 선별한다. 그리고 면접을 통해 사전 선별 결과대로 유도한다. 물밑에서 방대한 작업이 동시에 진행되고 있는 것이다.

면접관들에게는 구조조정용 매뉴얼까지 배부된다. 거기에는 그만두게 해야 할 사람, 남겨둬야 할 사람, 어느 쪽이든 상관없는 사람 등이 쓰여 있는 것은 물론, 그들을 상대할 때의 상세한 대처법까지 있다. 공개적인 면접이 아닌 만큼 전국에서 모집한 인사 계열 관리직 수십 명이 수천 명의 구조조정 후보자들과 면담한다.

본사 인사부 소속으로 사내 구조조정을 담당했던 부장 한 명은 나가노 공장에서 목표를 웃도는 성과를 올렸다. 목표 수를 넘는 사람들에게 퇴직을 선택하게 했고, 또한 퇴직시켜야 하는 사람과 남겨야 할 사람을 잘 선별해 회사가 희망하는 대로 유도했다. 그는 최고의 평가를 받아 승진했다.

그렇다면 인사부의 목표, 인사부의 존재 이유는 무엇인가? 그들은 팔리는 제품을 개발할 의무도, 팔아야 할 책임도 없고 단지 '사내 헌법'이라 할 수 있는 업무 규칙을 제정하고 그것을 운용할 뿐이다. 이것이 인사부가 다른 부서보다 더 훌륭하다는 의미가 아니라는 것은 누구나 안다. 그들의 역할은 직원들을 위해 일하기 좋은 환경을 만들고 비즈니스를 지원하는 일에 지나지 않는다.

무대 뒤에서 배우들을 지원해야 할 인사부가 배우를 무시하고 해온 일들을 생각하면 너무나 한심하다. 그런데도 그들은 수많은 직원들을 퇴직으로 몰아넣고 그 수를 자신들의 목표 달성으로 삼았다. 과거의 정책 실패는 아무도 책임지지 않고 국민들에게 고통 분담을 강요하는 정치가는 누구의 지지도 받을 수 없다. 하지만 정치가와는 달리 인사부는 민주적인 절차를 통해 선발된 것도 아니다.

물론 인사제도의 문제 때문에 후지쯔가 몰락했다고 말할 수 없다. 그러나 적어도 나는 IT 거품 붕괴 이후 후지쯔가 다시 일어설 수 없게 원인이 인사제도에 있다고 생각한다. 인사부도 이 것을 안다. 그런데도 직원의 목을 자르고 그것을 자기의 성과로 한다는 것은 후지쯔 인사부의 왜곡된 엘리트 의식이 얼마나 뿌리 깊은가를 증명한다. 그들은 직원들을 단순한 지배 대상으로 여긴다.

허술한 개인 정보 관리

내가 가와사키 공장의 인사부에 있을 때 관할 사업부의 안면 있는 부장으로부터 이런 문의가 있었다. 그는 모르는 업체로부터 커리어 개발교재에 관한 DM(다이렉트메일)을 받았다고 한다. 이런 일은 흔했지만 문제는 타이밍이었다.

그는 한 달 전에 갑작스러운 조직 변경으로 새로운 부서로 이동했다. 그런데 그새 부서명이 우편물에 인쇄돼 있었다. 그의 말에 의하면 아직 명함을 인쇄하지 않았고, 외부 사람에게 부서명을 알려주지도 않았다고 한다. 그는 회사 내부의 어딘가에서 직원의 주소를 포함한 최신 개인 정보가 유출되고 있는 건 아닐까 의심했다.

실제로 이런 문의가 몇 번 있었다. 사내 게시판 등에서도 가끔 이 문제에 대한 논의가 일어났다. 이런 상황으로 볼 때 정기적으로 갱신되는 정보가 새어나가는 것이 틀림없었다. 그리고 가장 중요한 사실은 인사부 사람이 아니면 그 정보를 볼 수 없다.

인사부 직원들은 거의 모두 자기 담당 부문 직원들의 개인 정보를 볼 수 있다. 주소, 생년월일은 물론, 가족 구성, 학력, 은행 계좌, 그리고 과거의 성적까지 다운로드가 가능하다. 업무상 필요하지만 그 관리는 정말 엉망이다.

어느 부문의 인사부라도 신청만 하면 각 영업 지사의 총무부터 채용, 연금 운용까지 열람이 가능하고, 굳이 신청하지 않아도 담당자끼리 비밀번호를 빌려주는 일이 많다. 그리고 인사부 소속이면 1년차 신입도 당장 열람을 신청할 수 있다. 개인 정보 보호에 대한 지침이나 연수가 의무화돼 있지도 않다. 10만 명 이상의 상세한 개인 정보가 인사부 직원 사이에서 자유롭게 오가고 있는 것이다.

직원의 개인 정보 누출 문제는 인사부에서 필사적으로 숨기는 금기 사항의 하나이기도 하다. 유출한 사람이 밝혀지면 그 책임은 계속 위로 올라갈 테니까. 덧붙이자면, 인사부 입장에서 보면 어차피 그 정보 누출의 피해자는 순종적이고 말이 없는 직원일 뿐이다. 그들은 이 일을 대수롭지 않게 생각한다.

그러나 문제는 단순히 도의적인 책임에 머무르지 않는다. 후지쯔 직원의 이직률 상승, 그것도 우수한 직원들을 겨냥한 듯한 스카우트가 무엇에 근거하겠는가. 연수나 인사 평가까지 포함한 정보가 유출되면 스카우트하는 쪽에서는 쉽게 이익을 얻을 수 있다.

나는 도쿄 내의 인재 알선 회사에서 컨설턴트로 일하는 사람에게 이 점에 대해 문의한 적이 있다.

"인재 알선에는 크게 두 종류가 있습니다. 리쿠르트 에이브릭 같은 대기업에서는 우선 대대적인 광고를 통해 폭넓게 이직 희망자를 모집하고 나서 그것을 각 구인 기업에 보냅니다. 구인 기업은 저희 같은 소규모의 회사들에 처음부터 상세한 인재 요건을 제시합니다. 그 요건에 맞는 인재를 찾아내 그가 소속돼 있는 기업까지 조사하고 나서 스카우트하지요. 보통 헤드헌팅이라 불리는 방법입니다."

전자의 경우 손에 쥐는 패는 거대하지만 성공과 실패의 차이가 크고, 받을 수 있는 수수료도 상대적으로 낮다. 또 기업 규모가 확보할 수 있는 인재의 질에 직접적으로 영향을 미치기 때문에 신규 업체들은 이런 방법을 쓰기 어렵다.

한편, 후자는 광고 비용도 회사 이름도 필요 없다. 실제로 도쿄 내에는 혼자 운영하는 인재 알선 회사가 얼마든지 있다. 인재 알선업 면허만 있으면, 밑천 없이 즉시 영업도 가능하다. 물론, 성공하기 위해서는 풍부한 인맥, 정보가 필수다. 그래서 컨설턴트들 중에는 대기업 출신자들이 많다.

"인맥만으로는 모든 것을 커버할 수 없습니다. 그래서 직원들의 개인 정보는 아주 탐나는 것이지요. 기술력과 브랜드 가치가 높은 대기업의 정보라면 더욱 탐나고요. 한 명 스카우트해주면 이직자의 연수입의 30퍼센트가 수수료로 들어옵니다 헤드헌팅 대상이 될 만큼 전문적인 기술을 가진 사람이 주요 타깃이고, 수익 폭은 저희 같은 작은 회사가 훨씬 크지요."

그들이 정보를 입수하는 곳은 물론 대외적인 비밀이다. 나는 가장 궁금한 질문을 던졌다.

"후지쯔 말인가요? 그곳 정보는 질도 양도 풍부하지요. 뭐 사정이야 여러 가지 있겠지만, 스카우트하기는 쉽습니다. 대기업에는 애사심이 없는 사람이 많은 것 같아요. 저는 직접 만난 적이 없지만, 정보를 흘리고 있는 사람도 회사에 애정이 없겠지요."

후지쯔의 대표 전화로 직원을 찾는 전화가 하루에도 수백 통씩 걸려온다. 직원 이름과 소속을 대면 자유롭게 연결되는데, 그중 몇십 퍼센트는 우수한 직원들을 노리는 헤드헌터들이다. 그 전화를 받은 사람이 회사에 증오를 품고 있으면 틀림없이 그 제의를 받아들일 것이다. 그의 증오와 개인 정보의 출처는 모두 후지쯔 인사부다.

노조는 후지쯔 제2의 인사부

회사는 직원에게 애정이 없다. 고용제도는 성과주의로 인해 갈가리 찢어졌다. 인사부는 직원을 통제하고 감시까지 하고 있다. 이런 상황에서 도대체 누가 직원을 지켜줄 것인가? 상식적으로 생각하면 노동조합이다. 그러나 슬프게도 후지쯔의 노조는 직원 편이 아니다. 오히려 완벽한 적이다.

"후지쯔의 노동조합은 제2의 인사부예요. 직원을 보호한다는 의식은 찾아볼 수 없죠. 그들은 경영진이 효율적으로 고용 관계를 조정할 수 있게 하기 위해 존재합니다. 어디나 노조 임원들과 인사부 인간들은 술친구죠."

과거 후지쯔 인사부에서 6년간 적을 두며 인사부와 노조의 유착 관계를 지켜본 어느 직원의 말이다. 그가 얘기해준 내용은 너무나 충격적이다.

"가장 심각한 것은 노조에 직원을 보호하려는 마음이 전혀 없다는 겁니다. 예를 들어 징계 해고 처분을 내릴 때 보통은 노조에 사전 이해를 구해 처리하지요. 그러나 후지쯔의 인사부는 노조에 말하지 않고 제멋대로 해고할 수 있어요. 노조는 어떤 대응도 하지 않고요. 오히려 도움을 청하기 위해 달려온 직원을 고함치며 내쫓습니다."

설마라고 생각하겠지만 사실이다. 후지쯔의 노조는 직원들의 얘기조차 듣지 않는다. 유니언숍 협정에서 유일하게 절대적인 지위를 보장받는 노조가 그 권리를 아예 포기해버렸다.

"3년 전에 부업 금지 규정을 위반했다는 이유로 어떤 직원이 징계 해고됐습니다. 그 직원이 몸이 아파 자주 결근한 것이 인사부의 눈에 거슬렸던 거죠. 그렇다고 해도 너무 지나칩니다. 게다가 노조는 도움을 청해온 직원을 문밖으로 쫓아냈어요. 그 직원은 노조와 회사를 고소했습니다."

이 재판에 회사가 나섰다. 재판이 진행되면 불리하다고 판단한 회사가 징계 해고 처분을 취소하고 화해를 신청했다. 즉, 부당한 처분이라고 인정한 것이다. 그러면 노조는 도대체 무엇을 하고 있었냐는 것이 그후 노조와의 재판에서 쟁점이 되었다.

"아무것도 하지 않았죠. 그들은 퇴직 수속 때도 얼굴조차 내밀지 않았고, 노조 탈퇴 신청서도 인사부 인간이 거부하는 그에게 억지로 서명하게 했습니다. 노조로서 의무 불이행이 명백하다고 생각했는지 '담당자 한 명이 동석해 그에게 퇴직에 대해 설명하고, 노조 탈퇴 신청에 서명하게 했다'고 거짓을 늘어놓았죠. 그 거짓말을 한 사람이 바로 접니다."

그는 본사에 불려가 인사부장으로부터 직접 법정에 나가도록 업무 명령을 받았다고 한다.

"왜 그렇게까지 해야 하는지 이해되지 않더군요. 그건 엄연한 위증 아닙니까?"

그러나 주저하는 그에게 인사부장은 "노조는 우리 편이잖아. 동료를 돕기 위해 증언하는 것은 훌륭한 일이야"라고 말했다.

결국, 그의 증언 덕분에 노조는 승리했다.

"직원들로부터 비싼 노조비를 받고 있는 이상, 노조는 해야 할 최소한의 의무가 있습니다. 구조조정 된 공장 직원들에 대해서도 마찬가지죠. 의무를 포기한 노조도 그것을 이용하는 인사부도, 자기들은 아무 책임도 지지 않으면서 모든 것을 일반 직원들에게 미루고 있어요. 그게 후지쯔의 실상입니다."

회사와 노조는 한패다. 직원들은 구원받을 곳이 없다.

노조 책임자가 자회사 사장이 되는 악몽

일반적으로 일본의 노조는 어용 조합이라는 말을 한다. 회사의 노조이지 직원을 위한 노조가 아니다. 노조의 존재 의미가 의심스럽다. 후지쯔는 특히 심하다.

노조에는 노조 전종자(직장에 적을 두면서도 일상 업무는 조합 활동이 중심이 되는 것을 회사로부터 인정받은 조합원)과 비전종자(업무를 중심으로 일하되 틈새 시간에 조합 활동을 하는 조합원)이 있다. 후지쯔에서는 노조 전종자와 회사가 한 몸이다.

이곳에는 성과주의도 뭐도 없다.

성과주의 개념으로 말하자면 조합 전종자는 휴직자이기 때문에 원칙적으로 B 이상의 평가를 받을 수 없으며, 승급도 어렵다. 그러나 그런 일은 일어나지 않는다.

후지쯔의 인사부와 노조의 관계는 보다 친밀하고 타락했다. 그들은 완전히 유착돼 있다. 2002년, 노조 집행위원장이 정년퇴임 직전에 인사부 수석 부장—사업부장급인 상급 관리직—으로 회사에 복직하여—노조 소속일 때는 휴직 상태이기 때문에—6개월 후 인사부 산하 식당 운영 회사의 사장으로 취임하는 농담 같은 인사 이동이 있었다. 2만 명이 넘는 인원을 구조조정 하고 회사 전체가 힘을 모아 재출발하려던 때였다. 직원을 대표하는 노조 책임자가 어느 날 갑자기 인사부의 리더로 수평 이동했다. 직원들은 아연실색했다.

노조 임원에게는 일반 직원으로서의 기본급 외에 관리직에 상당하는 급여에 맞춰 특별수당이 매달 지급되고 있다는 소문이 있다. 일반 조합원들은 거의 모르는 얘기다. 노조는 회사의

한 부문이며, 그 상층부는 부장이라든가 사업부장이라고 불리는 대신에 서기장, 집행위원장이라고 불리고 있을 뿐이다.

복직 후의 조합 전종자에게 특별 대우를 해주는 기업이 후지쯔만은 아니다. 단, 그것은 조합 활동을 했다고 해서 다른 직원들보다 승급이나 출세에서 차별받는 일이 있어서는 안 된다는 연공서열적인 정책에서 나온 특별 조치다.

그러나 후지쯔의 경우는 반대다. 조합 전종자가 완전히 우대받고 있다. 그들의 주요 업무는 인사 계열 자회사로 파견돼 직원들의 불만을 진정시키는 완충제 역할을 하면서, 노사 협상에서 고용자의 의향을 충실하게 반영하는 것이다.

우리는 지금까지 후지쯔 인사 부문에 대해 살펴보았다. 그렇다면 과연 후지쯔의 인사부는 변화할 수 있을까?

인사부가 솔선수범하여 지금의 성과주의를 빨리 궤도 수정하지 않으면 아무리 우수한 경영진으로 바뀌더라도 후지쯔의 미래는 어둡다. 앞에서 말한 직원 식당 아웃소싱에 대해 인사부장은 이런 말을 했다.

"선배들의 얼굴에 먹칠하지 말라."

그들 머릿속은 아직도 이런 구시대적 가치관으로 가득 차 있다면 전임자들이 만든 제도를 재검토하는 것은 불가능하다. 그들은 앞으로도 자기들의 조직과 과거의 성과를 유지하면서 본사에서 태평하게 앉아 있을 것이다.

내가 이 책을 쓴 목적 중의 하나는 이 책을 통해 직원들이 인사부의 내면을 제대로 알기 바라기 때문이다. 그렇게 되면 제도의 재검토를 요구하는 목소리가 커질 것이다. 또 만약 경영진이 이 실상을 알고 일반 직원들과 함께 진정한 개혁에 나서준다면 후지쯔에는 다시 일어설 시간이 충분히 있다고 생각한다.

6. 어떻게 일본형 성과주의를 확립할 것인가

사람은 미래를 위해서 일한다

후지쯔의 성과주의가 실패로 끝난 것은 누구도 부정할 수 없다. 나도 한때 후지쯔의 직원이었던 만큼 이 사실이 너무나 안타깝다.

동기들은 물론, 입사하자마자 그만둬버린 직원들을 생각하면 왜 빨리 대처하지 못했는지 지금도 안타깝다. 결국 나도 후지쯔를 단념했다. 회사에 더 이상의 미래가 없다고 느꼈기 때문이다.

사람은 왜 일을 할까? 자신의 미래를 위해서가 아닐까? 미래가 약속되지 않으면 그 어떤 시스템도 단념할 수밖에 없다. 연공서열제도건 성과주의건 결국은 마찬가지다. 그래서 '어느 쪽이 더 훌륭한가?'라는 논쟁은 의미가 없다.

말은 눈앞에 당근을 매달면 달리지만 사람은 그렇지 않다. 성과주의로 예전보다 더 많은 돈을 받을 수 있다고 해서 그것만 생각하며 일하는 사람은 없다. 또 연공서열제도로 지위나 신분이 보장돼 있다고 해서 그것만이 일하는 이유가 되는 건 아니다.

사람은 특별히 많은 돈이나 평생 무사태평한 신분이 보장돼 있다고 해서 일하는 게 아니다. 어제보다 오늘, 오늘보다 내일의 충족감을 위해서 일한다. 매일매일 허무함만 쌓여간다면 일할 의욕이 생기지 않는다. 그래서 미래는 항상 열려 있어야 한다. 미래의 희망이 있다면 어느 정도 힘겨운 일은 인내할 수 있다. 고된 노동도 성실히 완수할 수 있다.

그러나 후지쯔에는 이 미래가 없었다. 내가 이 회사에서 어떤 역할을 하고 있는지, 어떻게 하면 회사에 공헌할 수 있는지, 그리고 그 결과에 어떤 미래가 보장돼 있는지 알 수 없었다. 마치 암흑 속을 걸어가고 있는 것 같았다. 아마도 후지쯔를 그만둔 사람들은 모두 같은 심정이었을 것이다.

나는 퇴사 후 후지쯔를 그만둔 사람들을 몇 명 만났는데, 그들이 입을 모아 하는 말은 '후지쯔에는 미래가 없다'였다. 그들은 후지쯔 직원이었을 때나 지금이나 여전히 성실하게 일하고 있다. 그들 중에는 후지쯔에서 일할 때보다 급여가 내려간 사람도 있다. 아니, 오히려 그런 사람이 더 많다. 그러나 그때보다 지금이 일하는 게 즐겁다고 말한다.

솔직히 말해 후지쯔 시절 그들 대부분은 불평분자였다. 게슈타포 게시판에 불만을 적어 인사부에 찍혀 평가가 낮아진 사람도 있다. 그러나 지금 그들의 불만이나 우울함은 완전히 사라졌다. 그들에게 미래가 되돌아왔기 때문이다.

최소한 그 미래가 보장되면 시스템이 무엇이건, 평가가 기대와 얼마나 다르건 일할 의욕은 없어지지 않을 거라고 나는 생각한다. 이런 의미로 본다면 후지쯔의 몰락의 원인은 성과주의 자체에 있는 것이 아니다. 성과주의 도입이 직원들의 미래를 밀어냈기 때문이다.

컨설팅 회사마저 재검토하는 성과주의

현재 후지쯔의 업적 악화와 함께 성과주의 재검토가 매체나 식자들 사이에서 한참 논의되고 있다. 그중에서도 주류 의견이 '성과주의는 근본적으로 일본인에게 맞지 않는다'이다. 최근에는 '원래 문화도 풍토도 다르기 때문에 처음부터 불가능했다'라고 주요 매체나 경영학자, 기업 경영자들까지 말하기 시작했다. 그리고 그것에 이끌리듯 현장의 샐러리맨들도 그렇게 생각한다.

그렇다면 연공제나 종신고용으로 되돌리면 문제가 해결되고, 일본 기업의 샐러리맨은 행복하게 될까? 그럴 리가 없다. 내가 후지쯔에서 너무나 불합리하고 폐쇄적인 파벌사회를 경험한 탓도 있지만, 정말 중요한 문제는 미국형 성과주의가 좋은가, 일본형 연공제도가 좋은가가 아니다.

우선 성과주의가 완전한 미국형 시스템이라는 생각 자체가 잘못됐고, 일본의 연공제도, 종신고용제도로는 현재의 글로벌화된 경제 속에서 성장을 기대할 수 없다. 오히려 후지쯔에서의 경험으로 미루어보면, 성과주의 그 자체보다도 그것을 제대로 운용하지 못한 구세대의 죄가 더 무겁다. 구세대들은 노력하는 젊은 세대들의 미래를 빼앗아버렸다.

어찌 됐든 현재 후지쯔는 물론 많은 기업에서 성과주의가 삐걱거리고 있으며, 그 재검토가 실시되고 있다. 일본형 연공제도로의 회귀를 호소하는 『허망한 성과주의虛妄の成果主義』라는 책이 베스트셀러가 된 것을 보면 성과주의 환상은 이미 깨진 것 같다.

더욱 아이러니한 건, 처음 후지쯔에 성과주의를 소개한 모 외국계 컨설팅 회사가 최근 여기저기에서 팀워크를 중시한 인사제도를 권장하기 시작했다는 점이다. "앞으로는 개인의 성과만을 평가하는 것이 아니라 팀의 성과를 측정하는 구조가 필요합니다"라고. 이것은 일본형 시스템과 성과주의를 반반 섞은 것이다. 그러면 그들의 처음 주장—개인의 성과를 평가하지 않으면 회사가 발전하지 않는다—은 도대체 무엇이었을까?

사실 그들이 일본 사람이라면 난 그들에게 '책임지라'고 말했을 것이다. 그러나 컨설팅 회사의 무책임함은 이것만이 아니다. 그들 입장에서는 속은 게 잘못이다. 그래도 이것만은 말할 수 있다. 미국에서 온 그들도 일본 기업에 미국형 제도를 그대로 이식하면 결코 뿌리내리지 않는다는 사실을 이제 겨우 깨달았다는 것을.

마지막 장에서는 성과주의의 근본적인 질문으로 되돌아가고 싶다. 과연 일본 기업에 성과주의가 필요할까? 성과주의로 일본의 샐러리맨이 행복해질까?

성과주의는 인건비 억제의 방편

기업은 시장이라는 진정한 평가자를 상대로 하고 있다. 즉, 기업의 업적(성과)은 기업 가치에 영향을 주게 된다. 그렇다면 성과주의 도입이 기업 가치를 높였는가 하는 문제가 맨 처음 제기된다.

현재 일본 기업은 과거의 업계 횡열 구조가 무너지고 승자와 패자로 확실하게 양분됐다. 그런데 승자와 패자가 어떤 방식으로 성과주의에 임했는지는 아주 애매하다. 승자인 우량 기업 중에 소니나 혼다처럼 일찍부터 연공서열의 색채를 지우기 시작한 기업도 있지만 도요타처럼 그 제도를 유지하고 있는 기업도 있다. 순이익 1조 엔을 올린 도요타의 업적은 경이적이지만 그들의 인사제도를 선진적이라고 말하는 사람은 아무도 없다. 또 캐논이나 샤프 등의 인사제도에도 일본형 색채가 짙게 남아 있다. 게다가 최근까지 경력 채용조차 실시하지 않았던 NEC가 오히려 후지쯔보다 빠른 속도로 IT 거품 붕괴나 NTT 사업 축소 이후의 통신 사업 재건에 성공했다. 이들 기업에서는 기업 업적과 성과주의 사이에 큰 연관성을 볼 수 없다. 오히려 성과주의의 세례를 받지 않은 기업이 보다 발전했다.

그러면 패자는 어떠한가?

일본 기업에서 패자라고 하면 은행 등의 금융기관, 공공사업에 의존하는 종합 건설회사 등인데, 이 기업들에서 성과주의를 도입한 것은 단순히 업적이 악화됐기 때문이다. 성과주의가 구조조정의 방편으로 사용된 것이다.

후지쯔의 성과주의 도입은 거품 경제 시절 입사한 직원들의 인건비 삭감이 목적이었다. 일반적으로 거품 경제란 1980년대 후반을 정점으로 1990년의 붕괴까지를 말하는데, 기업의 채용에는 약간의 격차가 있다. 1989년에서 1991년까지가 신규 졸업자 채용 수의 정점이었다. 지금도 이야깃거리가 되고 있지만 대학생이라면 대부분 희망하는 대기업, 그것도 몇 개 회사로부터 내정을 받던 시절이다. 업종을 불문하고 각 회사마다 예년의 2, 3배의 신입 사원을 채용했고, 내정 후에는 그들을 확보하는 데 혈안이 되었다. 인사부장이 정종을 들고 찾아가 설득하는 회사도 있었다. 이런 소동이 일본의 여기저기에서 펼쳐졌고 그 결과 1991년 봄에는 어느 대기업이나 20대 전반의 젊은이들로 넘쳐났다. 그러나 그후 일본 경제는 '잃어버린 10년'으로 돌입했고, 기업 채용자 수도 격감했다.

  후지쯔도 타사와 마찬가지로 1991년에 1,500명의 신규 졸업자를 채용했으나 그 이듬해에는 반으로 줄었고, 그 다음해는 문과 계열 채용을 보류하고 최소한의 기술직만을 채용했다. 그후 서서히 예전의 800명으로 회복하고 있으나, 거품 경제 시절에 무리를 한 결과는 상당했다. 즉, 기업을 구성하는 직원의 연령별 피라미드가 극단적으로 변해버렸다.

  거품 경제 붕괴 전에는 아름다운 삼각형이었던 것이 붕괴 후에는 이상한 형태로 일그러졌다. 게다가 붕괴 직전에는 상상할 수 없을 정도로 크게 부풀어 있었다. 인건비 시뮬레이션을 만들어 보면 향후의 채용자 수가 적정하다 해도 몇 년 후의 피라미드는 배가 불룩하게 튀어나온 형태가 된다. 이 불룩한 배 부분의 인건비는 매년 증가한다. 단순히 계산해서 수년 후에는 15퍼센트, 그리고 10년 후, 즉 배의 부푼 부분이 서서히 가슴 부위로 올라갈 즈음에는 25퍼센트를 넘어버린다.

이것이 가져올 결과는 단순한 급여 상승뿐만이 아니다. 고용보험, 후생연금의 기업 부담분, 퇴직금의 적립에도 영향을 미친

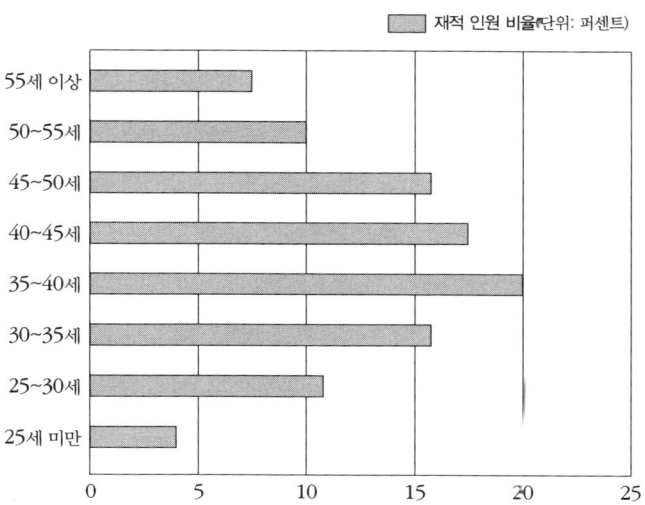

후지쯔 직원의 연령대별 인원 비율

후지쯔의 직원은 35~40세가 20퍼센트를 차지하고 있다. 실제로는 그룹 내 기업들끼리 젊은 층을 주고받거나 중장년층을 파견 보내서 조직상의 일그러짐을 조정하고 있다. 숫자는 대략적인 기준이다.

다. 그렇게 되면 당연히 연령에 따라 임금이 올라가는 연공서열 제도를 유지할 수 없다는 결론이 나온다. 어떻게 해서든 이 시스템을 바꾸지 않으면 기업 자체는 붕괴할 수밖에 없다.

그래서 후지쯔가 성과주의에 달려든 것이다. 이것은 다른 기업도 마찬가지다. '미래는 실력주의 시대'라고 아무리 떠들어도 그 이면에는 이런 사정이 있다.

돈을 많이 먹는 중장년층도 저격 대상

성과주의를 도입해서 경영진이 저격하려 했던 대상은 거품경제 시절의 입사 세대뿐만이 아니다. 돈을 많이 먹는 중장년 세대도 타깃 중 하나였다.

현재 50대지만 임원이 아닌 사람을 생각하면 이해하기 쉽다. 후지쯔에서 그들은 평균적인 초과근무만 하면 젊은 과장 이상의 월수입을 벌어들인다. 이것을 가능하게 한 것은 시간외근무수당이 연공서열에 따른 기본급을 기본으로 하고 있기 때문이다. 물론 기업에 따라 다르겠지만 전기 연합을 기준으로 한 이 연령대의 시간외근무수당은 시간급으로 5,000엔 전후다. 맥도널드에서 다섯 시간을 아르바이트해도 이렇게는 못 받는다. 그들이 매일 오후 9시까지 회사에 남아 있기만 해도 연수입은 약 400만 엔이나 뛰어오른다.

"45세 이상의 직원은 필요 없다"고 '인간 마쓰시타'라고 불렸던 마쓰시타 전기의 사장이 단언할 정도로 이 문제는 기업 경영을 깊이 좀먹고 있다. 중장년층 직원을 무능하다고 말하려는 게 결코 아니다. 그러나 그들은 연공서열제도라는 온탕이 없었다면, 결코 지금과 같은 생활을 할 수 없었다.

게다가 이 중장년 세대 다음에는 거품 경제 입사 세대가 대기하고 있다. 만약 이 세대에도 연공제도를 적용하면 가만히 있어도 일본 내의 모든 기업은 무너진다.

여기서 다시 거품 경제 입사 세대로 돌아가면, 그들의 이직률은 다른 세대, 특히 그 아래 세대보다 훨씬 낮다. 바로 이 사람들

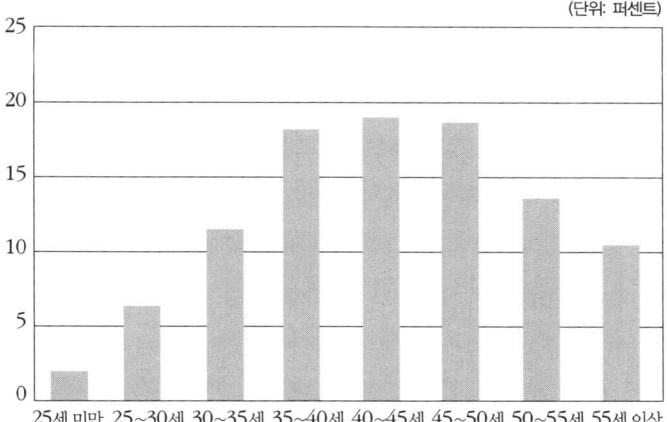

연령대별 급여 수급액 비율

각 세대의 급여 상황을 보면 가장 많은 일을 하고 있는 35세 이하에 20퍼센트 정도밖에 할당되지 않았음을 알 수 있다. 총 인건비 중 80퍼센트는 중장년층이 받고 있다. 그중에서도 명예직이라 말할 수 있는 45세 이상 세대가 40퍼센트 이상의 인건비를 낭비하고 있다.

이 거품이었기 때문에 이직하려 해도 받아주는 곳이 없다. 그들을 받아들이면 직위 부족 현상이 일어난다. 지금까지의 관리직 등용률을 그대로 거품 경제 세대에 적용하면, 그야말로 부하가 전혀 없는 직위를 만들 수밖에 없다. 참고로 후지쯔의 경우, 그들이 관리직에 오르기 시작하는 2005년 무렵까지 연공제도를 유지하면 매년 1,000명이 넘는 신입 사원을 그것도 최소 5년 이상 채용해야 한다.

성과주의는 이러한 문제를 한꺼번에 해결할 수 있을 것 같았

연령대별 급여액 평균

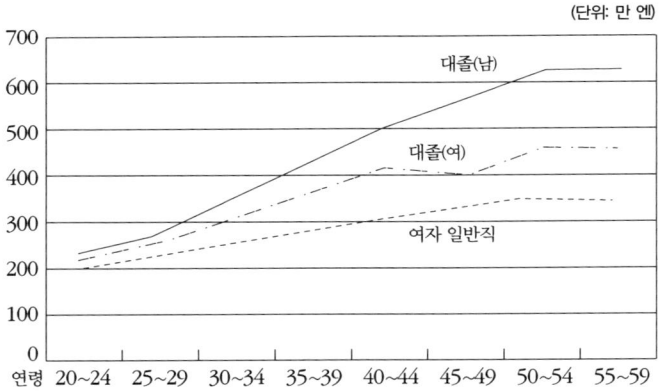

연대별 급여 평균을 보면, 연령과 함께 순조롭게 올라가는 연공서열의 효과가 확실하게 보인다. 가령 연공제도가 그대로 유지된다면 거품 경제 세대 이상의 인건비도 50대 중반까지 순조롭게 올라가게 된다. 그러나 앞으로 입사하는 젊은 세대의 급여는 성과주의에서 정기 승급이 억제되기 때문에 미래에 중장년층이 돼도 선배들에게는 크게 못 미친다.　　　　　　　　　　　-후생노동성 2002년도「임금구조 기본 통계 조사」

다. 목표관리라는 틀로 직원들을 묶으면 성과를 올리지 못하는 사람의 급여를 올리지 않아도 된다. 성과주의 도입 이유는 정기 승급의 폐지가 궁극적인 목표였다. 아무리 성과를 올리더라도 상여 총 지급액은 결단코 올리지 않으려 했던 것을 보면 확실하다.

그러나 후지쯔에서는 중장년 직원, 특히 이미 임원이 된 세대가 이것의 알맹이를 빼내버렸다. 그들의 몸보신과 변하지 않는 연공서열적 체질이 본래의 성과주의를 파괴해버린 것이다.

실정에 맞는 성과주의가 필요하다

결국 인건비를 억제할 수 있다면 어떤 제도라도 상관없었던 것이다. 기업이 거품 경제의 결과물이 무엇인지 깨달았을 때 눈앞에 우연히 미국식 성과주의가 있었던 것뿐이다. 그런데도 일본의 매체나 식자들은 이 제도를 칭찬했다. 그리고 후지쯔를 따라 많은 기업이 성과주의를 도입했다. 그래서 입에 발린 말만 하는 컨설팅 회사는 돈을 벌었다. 그들은 일반 샐러리맨의 생활을 이해하지 못했다. 그리고 지금 그들은 성과주의를 재검토하자고 외치고 있다. 그들은 아주 태연하게 연공서열형 인사제도로 되돌아가는 편이 좋다고 말한다.

그러나 이 역행 코스는 일본 기업을 더욱 쇠퇴시킬 뿐이다.

연공서열이 일본 사회에 적합한 것은 분명하다. 고도 성장기에 연공서열제도는 아주 훌륭한 역할을 했다. 매년 같은 수 또는 그 이상의 신입 사원을 조직에 참여시켜 모든 선배들을 위로 밀어 올려주었다. 물론 출세의 속도에는 다소 차이가 있었으나 정해진 일을 실수 없이 완수하기만 하면 일정한 승진이 약속되었다. 그리고 그것에 상응하는 퇴직금과 연금을 인생 설계에 짜 넣을 수 있었다. 고용과 수입의 안정은 그대로 사회의 안정과 소비의 확대로 연결되었다.

그러나 이 연공제도가 유지되기 위해서는 절대적인 필요조건이 두 가지 있다. 하나는 조직이 영원히 확장돼야 한다는 것, 그리고 기존의 비즈니스 모델이 반영구적으로 변하지 않아야 한다는 것. 이 두 가지 조건은 거품 경제 붕괴와 IT 기술의 진보, 글로벌화의 진전 때문에 지금은 기대할 수 없다.

믿기지 않겠지만, 후지쯔는 사내 공식 문서에 여전히 자사의 워드 프로세서 포맷을 사용하고 있다. 그 옛날 후지쯔의 워드프로세서 '오아시스'는 대히트 상품이었다. 일본인들이 사용하기에 아주 편리한 소프트웨어였다. 그러나 지금 이 소프트웨어는 거의 사라져버렸다. 그런데도 후지쯔의 젊은 직원들은 사내 문서만을 위해서 아직도 오아시스를 익혀야 한다. 후지쯔 관리직의 90퍼센트가 오아시스밖에 다루지 못하기 때문이다. 우습다고밖에는 달리 표현할 말이 없지만, 절대 웃고 넘어갈 일이 아니다.

이처럼 기존의 비즈니스 모델이 반영구적으로 변하지 않는 일은 있을 수 없다. 그렇다면 일본 기업은 앞으로 새로운 시스템 안에서 살아가야 한다. 그것이 성과주의가 아니라도 상관없다. 물론 이제까지의 성과주의가 제 기능을 한다면 더할 나위 없겠지만 후지쯔의 예를 볼 것도 없이 그것은 무리한 기대다. 그렇다면 일본의 문화나 풍토에 적합한 발전형 성과주의가 필요하다. 일본에 맞춘 개량형 시스템, 또는 가능하면 일본의 독자적인 것이어야 한다.

목표관리제도의 폐지

이제 후지쯔에서의 경험을 토대로 성과주의의 개선 방향을 설정해보고자 한다.

첫 번째, 목표관리제도를 폐지해야 한다.

이 제도의 본질은 '누구나 자신이 달성해야 하는 목표가 항상 명시돼 있다'는 것이다. 당연히 이를 위해서는 '직원들 간의 목표 높이가 같고', '목표가 현실의 업무와 맞아야' 한다. 그러나 웬만큼 작은 조직이 아니면 이것은 현실적으로 실현 불가능한 과제다. 이 모순을 껴안은 채로 제도를 운용하면 다음과 같은 문제점이 드러난다.

1. 평가자 간에 성적 조정.
2. 업무가 무리하게 나눠져 억지로 수치 목표를 진행하게 됨.
3. 목표의 철저한 세분화가 불가능하며, 회사 내의 의사소통에 문제 생김.

그러면 1번부터 설명하자.

왜 평가자 간의 성적 조정이 안 되냐면, 연공서열적 가치관이 부활해버리기 때문이다. 완전한 절대평가가 이뤄지지 않으면 결국은 목표 달성도에 의존하지 않는 평가가 세력을 떨치게 된다. 이렇게 되면 관리자들의 정치력으로 최종 평가가 정해진다. 그 결과 목표관리제도는 형식에 불과해지고, 직원들의 의욕은 떨어진다.

2번처럼 업무가 무리하게 나눠지면 팀워크가 사라진다. 이론상으로도 각 직원들의 담당 업무가 완전히 평준화되는 것은 불가능하며, 환경적으로 혜택을 입은 부서가 아닌 한 담당 업무(목표)에 따라 처음부터 평가가 결정된다. 이렇게 되면 개인의 평가는 사실상 목표 할당 단계에서 관리직의 재량에 따라 결정된다.

또, 목표 달성까지의 기간에도 문제가 있다.

실제로 반기마다 수치 목표를 세울 수 있는 행복한 직종은 거의 없다. 연구직 등은 몇 년 후를 내다봐야 한다. 상여라는 부차적인 사정에 맞추어 단기적인 업무 목표를 세우면 도전 의욕이 결여되고, 장기적인 업무 목표는 세울 수도 없다.

3번의 상사에서부터 아래 직원으로 세분화는 후지쯔의 목표 설정은 전혀 제 기능을 하지 못했다. 관리직이 태만해서 문제라면 그들을 재교육하면 된다. 그러나 의식 개혁까지 포함한 개선은 어렵다.

현재 일부 기업에서는 업무 내용상 수치 목표를 설정하기 어려운 경리·인사 등의 관리 부문, 지원 부문을 제외하고, 영업이나 컨설턴트 등 수치 목표를 세우기 쉬운 부문에서만 목표관리를 도입하고 있다. 그러나 영업 부문에 있어 매출이 비장의 카드라는 게 문제다. 또 경기나 라이벌 업체의 상황 등 본인의 책임이 아닌 외부 환경의 변화가 너무 커서 결국 평가자의 주관으로 판단하게 된다.

상사가 수시로 목표를 수정할 수 있도록 지도하면 된다는 의견도 있을 수 있다. 그러나 그런 유능한 관리자를 일본 기업에 요구하는 것은 무리다. 목표와 성과만을 판단할 수 없다면 처음부터 목표 따위는 세우지 말아야 한다. 후지쯔처럼 불평분자만 늘어날 테니까.

그러면 무엇을 기준으로 직원을 평가해야 할까? 그 답은 간단하다. 오직 성과만으로 평가하면 된다.

한마디로 말해 그들의 일하는 모습이다. 기초가 아니라 기말에 각자가 평가자와 면담을 하여 그 기의 성과에 대해 이야기한다. 필요하면 각자 성과를 정리한 성과 시트와 같은 것을 만든다. 이런 방법이라면 억지로 개인별로 목표를 세분화할 필요 없이 팀의 강점을 살릴 수 있다.

표현을 바꾸면, 목표라는 것은 대략적이면 대략적일수록 유연한 대응과 빠른 행동력을 발휘할 수 있다. 또 목표를 달성했는데도 조정에 의해서 평가가 내려가는 딜레마도 없어진다. 목표를 달성했지만 진행 과정을 가미한 결과 평가가 바뀌었다 등의 관리직의 핑계를 들을 필요도 없다.

적어도 기의 마지막 1개월을 남긴 순간부터 목표를 설정해 평가위원회에서 앞뒤를 맞추는 현상보다는 대폭적인 개선을 기대할 수 있다.

공정평가위원회의 설치

다음 과제는 평가자들 간의 기준 차이의 문제다. 이것은 평가자가 너무 많기 때문에 일어난다. 후지쯔의 경우는 특히 심했다. 탁상공론으로는 평가자가 많을수록 평가가 객관적이라고 생각할지 모른다. 그러나 그것은 큰 오해다. 평가자 수가 적은 벤처나 중소기업에서 성과주의가 보다 잘 기능하고 있는 것을 보면 명확하다. 후지쯔와 같은 대기업의 경우 아래 직원을 끌어안고 있는 관리직이 몇천 명이다. 이 관리직이 평가해야 하는 아래 직원은 한 명당 많아도 5, 6명, 심한 경우에는 단 1명이다(게다가 직급별로 나누어 평가하기 때문에 각 평가 단위의 매개변수는 더욱 세분화된다).

거품 경제 붕괴 전에 연공제도가 제멋대로 관리직을 대량 생산해버린 대가다. 경기가 좋은 시대에 우쭐해져서 관리직을 늘릴 수 있을 만큼 늘렸기 때문에 그들에게는 사람을 평가하는 능력이 근본적으로 결여돼 있다. 그런데도 그런 관리직이 매긴 평가가 산더미처럼 올라오고 있다.

예를 들어 어떤 기업에 평가 대상자가 1만 명 있다고 하자. 그런데 중간 관리직을 포함하여 평가자가 1,000명이나 되면 아무리 훌륭한 매뉴얼을 만들려고 해도 평가는 틀림없이 제각각이 될 것이다. 같은 기준으로 공정하게 평가하기 위해서는 평가자가 한 명이면 된다. 지도층, 즉 사장이 유능하고 공정한 가치 기준을 가지고 있으면, 한 명이라도 성과주의는 제대로 기능할 수 있다. 물론 이것은 중간 규모 이상의 기업에서는 도저히 불가능한 일이다.

그래서 필요한 것이 '가능한 한 공정한 평가자를 어떻게 적은 인원으로 가져가는가'이다. 사내에 공정평가위원회를 설치하여 그 전문 관리직을 양성해야 한다. 그리고 이 공정평가위원회를 제3자가 또 평가하여 부정 평가를 내리면 언제든지 해고할 수 있어야 한다. 이 제3자에 의한 조직은 직원의 불만을 조건 없이 받아들여야 한다. 나중에 다시 상세히 언급하겠지만, 평가는 누구나 볼 수 있도록 전 직원에게 공개해야 한다.

그래야 비로소 평가의 왜곡이 시정되고 어느 정도 납득할 수 있는 성과주의가 기능할 것이다. 단, 여기까지 가져가는 데는 중요한 과제가 있다. 중간 관리직이라는, 비용만 들고 거의 일을 하지 않는 사람들을 대폭 구조조정 해야 한다.

조직의 구조조정과 평가 담당 관리직의 설치

후지쯔에서는 현재의 관리직에 그대로 평가를 수행하게 했다. 그들에게 평가 매뉴얼을 한 장 건네주었을 뿐이고, 그 한 장으로 지금까지와는 전혀 다른 가치관을 심으려 했다. 물론 한 달

간의 연수 기간을 거쳤다 해도 20년 이상 몸에 밴 연공적 가치관을 바꿀 수 없었을 것이다. 그렇다면 혼란스럽더라도 처음부터 회사 조직을 뿔뿔이 해체할 각오가 필요하다. 즉, 조직도 관리직도 재점검해야 한다.

소규모 부서를 해체하여 큰 부문으로 재편성하고, 관리직도 대폭 줄여야 한다. 현재 일본의 대기업에는 불필요한 조직이 너무 많다. 직위를 늘리기 위한 고육지책인데, 결과적으로 업무의 비효율화와 속도의 둔화를 가져왔다.

원래 한 사업부에 부장이 10명이나 매달려 있을 필요가 없다. 더욱이 부하가 없는 사업부 소속 관리직에 1,000만 엔 이상의 연봉을 지불할 의미도 여유도 없다. 부서의 통폐합을 철저하게 진행하고, 직위가 없어진 관리직은 가차 없이 일반 직원으로 강등한다. 당연히 과장도 줄인다. 이렇게 관리직 수를 현재의 30퍼센트 정도, 전체 직원의 10퍼센트 이하로 억제하는 것이 이상적이다.

이렇게 해야만 각 사업부 단위로 직원의 평가를 담당하는 공정평가위원회의 설치와 그곳에 전문 관리직을 두는 것이 가능하다. 물론 사업부장이 위원회의 위원장을 수행하는 것이 이상적이지만 그것까지 요구하는 것이 힘들다면 그것을 맡을 수 있는 관리직을 몇 명 배치해 그들이 전 부서 직원의 2차 평가자를 담당하면 된다.

다시 말하지만, 앞으로의 평가자는 평가 전담 관리직이다. 평소부터 사업부 내의 동향에 주의를 기울이고, 평가할 때 전 직원과 직접 면담해 상사가 아닌 제삼자의 눈으로 평가해야 한다. 그렇게 되면 이제까지의 평가위원회에서 펼쳐졌던 제비뽑기, 책임 회피는 없어진다. 그리고 평가 담당 관리직과 일반 관리직 사이에서 실시되는 성과 체크도 의의를 가지게 된다.

단, 여기서의 문제는 관리직의 과반수를 강등한다는 개혁에 대한 중간 관리직의 반대의 목소리다. 현재 그들은 연봉 1,000만 엔 이상을 단지 관리직이라는 이유로 받고 있다. 게다가 이 구조조정이 회오리치는 시대에도 자기들의 지위는 정년까지 무사태평하다고 믿고 있다. 그리고 그 지위를 담보로 주택부금과 학자금이 융자되고 있다. 대기업의 직원이라면 신입 사원이라도 주택부금을 신청할 수 있지만, 근속 연수가 짧은 전직자나 종신고용이 보장돼 있지 않은 외국계 기업 직원들은 융자 심사를 통과하지 못한다. 만약 관리직의 강등과 연수 감소를 알게 되면 은행은 주택 융자금을 재검토할지 모른다. 그런 특권을 갑자기 박탈하면 그들은 당연히 화를 낼 것이다.

그러나 성과주의를 하려면 이런 조정은 피할 수 없다. 게다가 기업의 인건비 억제를 위해서도 가장 먼저 시행해야 한다. 만약 저항이 강하면 그들에게 우선 진정한 성과주의를 도입하여 선별 시험 등을 실시해야 한다. 다시 현장으로 돌려보내 그 성과를 물어야 한다. 그렇지 않으면 그들 밑에서 일해야 하는 젊은 세대들은 계속 회사에서 도망쳐나갈 것이다. 이미 우수한 젊은 직원들은 그렇게 하고 있다.

성과주의가 결국 관리직에 이익을 가져다주고, 젊은 세대에게 불이익만 준다면 기업의 사회적 책임이 크다. 많은 젊은이들로부터 미래를 빼앗았기 때문이다. 결과적으로 일본 사회는 점점 노화될 것이다. 성장은 멈추고, 승자 기업과 외국계 기업만이 세력을 떨치고, 나아가서는 일본의 문화도 전통도 파괴될지 모른다.

커리어 패스의 설치

관리직을 줄이는 것 외에 또 한 가지 제안하고 싶은 것이 관리직의 역할을 예전과 같이 직원들과의 상하 관계만으로 인식하지 말라는 것이다. 상하 관계보다 오히려 횡적인 관계로 재배치해야 한다. 관리직을 부원이나 프로젝트 전체를 관리하는 업무로 정의하지 말고 성적이나 학력에 의한 선발도 폐지해야 한다. 그렇게 하면 간부 후보자를 우선 평가한다는 모순도 없어진다.

직원의 승급 급여 체계를 근본적으로 재검토할 필요가 있다. 사업부에서 관리직의 제한 없는 자유로운 발탁, 강등을 인정해야 한다. 입사 5년 내의 젊은 직원이라도 그만큼의 역량이 되면 리더급의 대우와 직위를 주고 반대로 역량이 되지 않는 중견 사원은 강등시켜야 한다.

대학을 갓 졸업한 젊은이가 자기 상사가 될 수 있다고 생각하면 중간 관리자들도 분발할 수밖에 없다. 이 제도는 실제로 2004

년 10월부터 리쿠르트에서 시작한다(자세한 내용은 '부록' 참조). 나는 이 자유발탁강등 시스템에 희망이 있다고 생각한다. 그러나 여기서 그친다면 이전의 인사제도 개혁과 별 차이가 없다.

그래서 이 개선책을 근본적인 변화로 이끌기 위해서는 많은 권한을 직원에게 이양해야 한다. 하는 일도 없는 관리직 몇 명을 거쳐야 비로소 결정할 수 있었던 의사 결정 과정을 축소한다. 그리고 그만큼의 권한과 책임을 직원에게 주어야 한다. 권한을 이양받는다는 것은 동시에 책임도 지는 것이다. 그리고 그것은 평가라는 형태로 직원에게 돌아온다. 권한과 책임, 이것이야말로 성과주의가 가져야 할 기둥이다.

이 새로운 체계를 중장년층을 겨냥한 구조조정으로 만들어서는 안 된다. 분명 관리직은 크게 감소하겠지만, 성과주의가 제 기능을 하면 설사 강등당하더라도 성과를 통해 관리직 시절보다 더 많은 보수를 받을 수 있다. 또 일반 직원들도 그것을 깨달으면 예전처럼 관리직 승진에 모든 것을 걸지 않는다. 이것은 새로운 커리어 패스career path의 탄생이라고 할 수 있다. 이렇게 되면 누구든지 의욕적으로 일할 수 있다.

물론, 여기서도 주의해야 할 점이 있다. 각 직원의 평가는 사업부의 관리직 ― 물론 새로운 기준으로 다시 선발한 사람들 ― 이 주체가 돼야 한다. 지금처럼 인사 부문이 평가를 정해버리면, 결국은 획일적인, 그것도 인재의 평균 모델을 의식한 기준이 강요된다.

새로운 관리직에 관리자로서의 자각을 심어주기 위해서는 그들 스스로 생각하고 결정하게 해야 한다. 후지쯔에는 '눈부신 성과를 올린 직원'에게 보너스에 80만 엔을 추가하는 특별 상여 기준이 있었지만, 그 적용 한도를 각 사업부에 할당해버렸기 때문에 결국 기득권 이익으로 변질됐다. 사용할 수 있는 것을 사용하지 않으면 손해라는 생각이 제도 자체를 무너뜨렸다.

이러한 개혁이 실시되면 사장을 정점으로 하는 피라미드형 계층 조직도 크게 변한다. 경영진과 극히 일부의 사업 책임자 밑에 직원들이 있는 형태가 된다. 이렇게 해야 빠른 일 처리가 가능하며, 비용 삭감, 효율성의 문제도 해결할 수 있다. 더 이상 피라미드 구조에 연연해할 필요가 없다. 그것을 위해 세세한 계급을 만들어 업무를 서열별로 세분화할 필요도 없다.

재량노동제를 위한 변화

후지쯔에서는 재량노동제가 심각한 폐해를 가져왔다. 이 폐해는 같은 제도를 도입하고 있는 어느 회사에서나 일어나고 있는 일이다. 그러나 성과주의에서 이 제도는 빼놓을 수 없다. 그렇다면 재량노동제를 위해서 어떤 노력을 해야 할까?

결론부터 말하면, 재량노동제와 그 외의 근무제도는 공존할 수 없다. 현재의 재량노동제는 제도 기획자의 의도대로 기능하고 있지 않다. 특히 후지쯔처럼 팀워크 ― 나쁘게 말하면 서로 발목 잡기 ― 를 중시하는 파벌사회에서는 재량노동제를 선택하는 사람이 오히려 손해를 본다. 자기의 재량 따위는 처음부터 필요 없기 때문에 근로기준법이 보장하는 실질적인 장점까지도 박탈되는 게 고작이다.

어쨌든 시간외근무수당을 폐지해야 한다. 원래 시간급은 단순 노동자를 위한 제도다. 지금 일본 기업의 성장에 필요한 것은 단순 노동으로는 얻을 수 없는 부가가치의 창출이다. 그러므로 시간급이 반드시 필요한 부문 외에는 시간외근무수당을 폐지해야 한다. 사실, 시간외근무수당이 있기 때문에 회사 일이 자꾸 늘어난다. 시간외근무수당을 받기 위해 별로 중요해 보이지 않는 일을 만드는 직원도 있다. 후지쯔처럼 시간외근무를 평가에 반영하는 기업에서는 특히 더하다.

그런데 이 중요해 보이지 않는 일이 1년 만에 훌륭한 업무처럼 여겨져 그 일을 위해 사람까지 채용하는 터무니없는 일이 많다. 담당자가 바뀌면, 그때는 아무도 그 업무가 탄생한 경위를 알 수 없다. 기업은 쓸데없는 시간과 인력만 버린 셈이다.

완전 재량노동제가 되면 이런 낭비를 제거하는 것이 업무 달성과 마찬가지로 중요해진다. 노동 시간의 길이는 의미가 없기 때문에 할 일 없이 남아 있는 사람도 없다. 물론 자기만족 외의 아무런 성과도 기대할 수 없는 일을 만드는 사람도 없어진다.

여기서도 역시 불필요한 것을 제거하는 일이 중요하다. 현재 비즈니스에 가장 필요한 요건 중 하나는 분명 속도다. 경쟁 회사보다 한발 빠른 연구 개발, 불채산 구조에서의 빠른 재건도 필요 없는 부분을 빨리 쳐내지 않으면 불가능하다.

재량노동제로 전환하면 높은 평가를 받기 위한 경쟁이 과열되고 노동의 질도 향상된다. 무엇보다 필요 없는 업무는 없어질 것이다. 잡무를 위해 신입 사원을 채용하는 시대는 끝난다.

성적은 공개돼야 한다

후지쯔의 성과주의에서 관리직의 평가가 불투명했던 것이 직원들의 가장 큰 불만이었다. 직원들은 관리자들이 자기들과 같은 기준으로 평가받고 있는지 의심했다. 그 의혹이 증폭되면서 "저런 상사에게 평가받을 수 없다"는 목소리가 커졌다.

이런 불만을 없애기 위해서는 모든 평가를 공개해야 한다. 즉, 오픈 시스템open system으로 가지 않으면 성과주의는 제 기능을 할 수 없다. 후지쯔는 관리직의 목표와 성과를 직원들에게 공개하지 않았다. 공개했다 해도 관리직의 반 정도는 목표 설정도 평가도 제대로 하지 않았을 것이다.

앞에서 직원들의 목표관리제도의 폐지에 대해 얘기했는데, 관리직에는 목표관리제도가 필요하다. 그리고 그 목표와 성과를 공개하는 것이 가장 중요하다. 이것은 관리직의 평가제도라기보다 아래 직원에게 대략적인 목표 업무를 명시한다는 의미다.

동시에 이 제도는 상사와 아래 직원 간의 신뢰 관계를 구축하기 위한 장치다.

현재 '다면평가제'가 주목받고 있는데, 이것은 아래 직원에게도 상사를 평가하게 하는 시스템이다. 그러나 이 제도를 시행하고 있는 기업에서는 제대로 평가가 이뤄지지 않고 있다. 직원들이 자신이 싫어하는 상사에 대한 복수로 이 방법을 사용하기 때문이다. 상사를 '좋다, 싫다'로만 구분하지, 그의 업무 수행 능력을 평가하는 직원이 적다.

그러나 평가를 공개하면 이 문제들은 해결된다. 대충 평가한 사람도 사내에 공개되기 때문에 자연히 신중해질 수밖에 없다.

"일본인은 그런 일을 할 수 없습니다. 그렇게 되면 일본 조직은 붕괴됩니다"라고 말하는 사람이 있다. 미국에서 자란 그는 이렇게 말했다.

"원래 일본에는 남을 평가하는 전통도 제도도 없습니다. 굳이 찾으라면 학교 시험과 입시 정도겠죠. 그것도 단순한 종잇조각 시험이고, 몇 점 받았냐의 문제일 뿐이죠. 게다가 자신과 선생님 그리고 부모 외에는 점수를 알지 못합니다. 그렇게 자란 사람들이 회사에 들어와 평가받고 그 평가가 모두에게 공개된다면, 어떻게 될까요? 성적이 좋은 사람은 괜찮지만, 나쁜 사람들은 견디지 못하고 회사를 떠나게 될 겁니다. 또 보통 정도의 성적을 받은 사람도 어떻게 될지 모르죠. 일본은 승패를 명시하면 안 되는 사회입니다."

미국의 문화와 성과주의

이렇게 해서 결국 문화와 전통의 이야기가 돼버린다. 그러나 마지막으로 이 문제를 생각할 필요는 있다.

외국에서 성장해 일본으로 건너온 사람이나 유학파는 이미 알고 있겠지만 미국의 문화와 전통은 성과주의와 떼려야 뗄 수 없는 관계다. 그들은 어린 시절부터 성과주의가 보편화된 사회에서 자란다.

미국 학교는 초등학교 때부터 엄밀하게 성적을 매긴다. 성적표는 리포트 카드report card라고 불리며, 학기말에 'A, B, C, D, F'로 성적이 매겨진다. 이 평가는 다음과 같이 수치화된다. 'A=4.0 B=3.0 C=2.0 D=1.0'이고 만점은 '4.0'이다. F는 failure의 약자이며 낙제를 의미한다. 게다가 이 A, B, C, D는 B+, B, B-라는 식으로 세분화된다. 그래서 일본의 초등학교 성적표에 있는 것처럼 '잘 했습니다'라는 식의 애매함은 전혀 없다.

전 교과를 통합하여 평균치를 낸 것이 종합 성적GPA(grade point average)인데, 이것이 나쁘면 진급은 물론 좋은 학교에 진학하지 못한다. 기업이라면 강등에 해당하는 낙제가 있으며, F를 받은 학생이 쉬는 시간에 보충 수업을 받아 추가 시험에 합격하지 않으면 1년 동안 다시 같은 학년을 다녀야 한다. 게다가 이 GPA 순위는 학기말에 학교 내의 게시판에 붙여지기 때문에 학생도 부모도 누가 어떤 성적을 받았는지 모두 알고 있다.

일본인들이 잘못 알고 있는데, 사실 미국은 일본과 달리 입시 전쟁과 경쟁이 극심한 사회이며, 학생들은 GPA 3.0을 넘기 위해 혈안이 돼 공부하고 있다.

그들은 이렇게 평가에 익숙하다. 그래서 사회인이 되면 성과에 따른 평가를 당연하게 받아들인다. 물론 이 평가는 공개되어 공정성이 유지된다.

그러나 일본에 이러한 전통과 문화가 있을까? 없다면 성과주의는 알맹이가 빠진 것이 되지 않을까?

미국 대학에는 '실러버스syllabus'라고 하는 학생이 택한 과목의 수업 첫날에 배부되는 종이가 있다. 여기에는 그 수업의 목적, 사용하는 교재, 참고 도서, 일정, 시험 일자, 평가, 성적 산출 방법, 출결석 등이 상세하게 적혀 있다. 이것은 교사와 학생 간의 일종의 계약서이며, 이 약속 사항에 준하여 기말 성적이 매겨진다. 예를 들면, 성적 중에서 '출석은 20퍼센트를 반영한다, 중간고사 역시 20퍼센트 반영한다, 마지막에 제출하는 리포트는 30퍼센트 반영한다'는 사항이 세세하게 적혀 있다. 게다가 시험 배점도 100~95점은 A, 94~90점은 A-, 89~87점은 B+로 명시돼 있다.

일본의 시스템에 이러한 계약적 개념이 있는가? 무엇을 기준으로 하고 있는지 모르는 채 단지 A, B, C, D가 적혀 있는 건 아닐까?

또 미국 대학에는 '학생 평가student evaluation'라는, 학생이 담당 교수 등을 평가하는 시스템이 있다. 이것은 개 학기 마지막 수업에서 실시된다. 학생들은 배부된 용지에 담당 교사에 대한 평가를 적는다. '수업에 어느 정도 만족했는지, 내용은 어떠했는지, 가르치는 방법은 어땠는지' 등 항목별로 교사를 평가한다. 단, 무기명이며, 교사는 그 자리에 있을 수 없다. 공정을 기하기 위한 것이며, 이 평가는 학교 당국에 제출돼 교사의 승진, 계약 갱신 등에 중요한 자료로 쓰인다. 학생의 평가에 따라 교사는 잘릴 수도 있다.

이것을 기업의 성과주의로 바꿔 말하면 관리직의 평가가 확실히 실행되고 있는 것이다.

과연 일본인들은 이렇게까지 철저할 수 있을까?

미국의 성과주의가 일본인에게 묻는 것

일본의 성과주의는 미국의 형식만 모방했고, 자국의 전통이나 문화를 완전 무시했다. 만약 미국형 성과주의를 하고 싶다면, 우선 학교 시스템부터 바꿔야 했다.

게다가 일본인들은 성과주의 자체도 오해하고 있다. 미국 기업이 성과주의를 도입한 것은 1980년대 초 심각한 불황에 빠져 있을 때였다. 그때 미국 기업들은 일본이나 유럽 기업과의 경쟁에서 계속 패배했고 결국 고용에 손을 대지 않을 수 없었다. 즉, 퍼포먼스를 높이는 직원에게는 '고용 보장을 하지 않되 그것을 승진이나 급여로 보답'하고, 그 외의 직원들은 '구조조정 대상'이 되는 것이다. 특별한 게 아니라, 일본과 마찬가지로 불황이 성과주의를 만들었다.

그러나 미국 기업들은 1990년대 경제가 호전되자 성과주의보다 고용 보장을 중시하게 되었다. 또 결과보다 진행 과정을 중시하는 성과주의를 강조하고 있다. 포드나 GE 등이 이 방식을 채택했다. 찰스 슈왑 증권 등 금융 서비스업에서는 목표 달성보다 고객 만족도를 강조하여 고객의 평가에 따라 직원의 보너스를 결정하는 시스템을 채택했다. 노드스트롬이나 스타벅스 등, 고객을 가장 중시하는 업종에서도 마찬가지다.

만약 후지쯔가 앞으로도 솔루션 비즈니스를 중심으로 하고자 한다면 고객 평가도 고려해야 한다. 그렇지 않으면 성과주의는 경영진의 단순한 자기만족으로 끝나버릴 것이다.

성과주의라고 해도 뉴욕의 금융가나 서부 해안의 실리콘 밸리처럼 지역에 따라 다르며 업종에 따른 차이도 있고, 경영진의 철학, 기업의 비전에 따라서도 달라진다.

일본도 업종별 성과주의를 빨리 확립해야 한다.

또한 능력 있는 여성의 고용에도 적극적으로 나서야 한다. 여성들은 지금도 차별받고 있다. 일본 기업에서 간부 후보 대부분이 남성이며, 여성을 단지 일반 사무직으로 채용하여 남녀비율을 중화하는 일을 태연하게 계속하고 있다. 남녀고용기회균등법이 있지만 국가도 남녀 차별을 묵인해왔다.

정말로 성과주의를 성공적으로 이끌고 싶다면 남성과 다른 형태로 여성을 고용해서는 안 된다. 여성 직원의 퇴직률은 입사 5년 내로 한정해서 보면 남성의 1.5~2배, 입사 10년 내에는 3배를 넘어서고 있다. 여성을 이런 처지로 몰아가면 기업에 미래가 있을 리가 없다.

　마지막으로 기업이 성과주의로 붕괴할 것인가, 아니면 성공할 것인가는 사람에게 달려 있다. 제도를 만드는 것도 그것을 운용하는 것도 사람이기 때문이다.

　제도를 만드는 사람들은 사람에 대한 더 많은 애정이 있어야 한다. 나를 포함한 일본의 많은 기업들이 이런 면에 미숙하다. 어린아이와 같은 어른들뿐이다.

　성과주의는 일본인들에게 묻고 있다.

　"당신들은 정말로 스스로 생각하고 스스로 성장해왔습니까?"

| 맺음말 |
성과주의의 환상을 버려라

내가 이 책을 쓰게 된 계기가 몇 가지 있다.

첫 번째는 항간에 넘쳐나는 '성과주의 예찬론' 때문이다. 큰 서점에 가면 경제경영 코너에 반드시 성과주의를 해설하는 책이 진열돼 있고, 경제지에서도 빈번하게 '성과주의 개혁'을 특집으로 다루고 있다. 그런 것들을 보고 있으면, 성과주의야말로 21세기의 화두이며, 일본 사회 전체가 필연적으로 성과주의를 향해 달려가야 할 것만 같은 느낌이 든다.

그런데 이러한 책이나 특집 기사 대부분은 기업의 일방적인 홍보일 뿐, 현장에서 일어나고 있는 심각한 문제에 대해서는 전혀 언급이 없다. 아마도 그런 책의 저자는 성과주의를 기업에 팔고 있는 컨설턴트나 성과주의를 도입한 경영진, 또는 그런 사람들로부터 집필을 의뢰받은 사람일 것이다.

컨설턴트는 자기들의 장사 수법을 일부러 지면에서 폄하하지 않는다. 오히려 미사여구를 늘어놓는 데만 전념한다. 그들은 들기에 좋은 말을 계속 떠들어 대지만, 결코 책임지지 않는다. 또한 우리 회사에 아주 심각한 문제가 있다고 고백하는 경영진도 없다. 직원이나 주주들에 대한 체면 때문에 문제의 뚜껑을 덮어 버리고 모든 것이 순조롭게 흘러가는 척한다. 그들을 치켜세우는 경제지는 광고만 따낼 수 있다면 흑백을 구분하지 않는다.

이 모든 이들의 공통점은, 인건비를 억제하기 위해 성과주의를 도입했다는 사실을 언급하지 않는 것이다. 마치 일본 사회 전체가 성과주의를 원하며, '당연한 변화'라고 주장한다. 물론 일본 사회는 변화하고 있다. 그러나 기업 내부는 그러한 변화와 무관하다. 반세기 동안 일본 대기업의 문화는 전혀 변하지 않았다. 그래서 신입 사원들은 절망하며 직장을 떠난다. 해마다 올라가는 젊은 세대의 이직률을 보면 알 수 있다.

후지쯔의 경영진은 앞장서서 성과주의의 우수성만을 홍보할 뿐 그 실태를 파악하지 못했다. 현장에서는 양동이 물이 뒤집힌 듯한 소동이 벌어지는데도, 인사부의 보고만 듣고 이론에 대해서만 얘기했다.

현장의 목소리에 귀를 기울이면 '가짜 성과주의'의 폐해 때문에 고뇌하는 직원들의 원망과 한탄이 생생하게 들려온다. 경제지와 달리 일반 주간지에서는 앞장서서 성과주의를 비판하고 있다.

성과주의론자의 주장이 전혀 말이 안 된다고 비난하려는 것이 아니다. 그러나 적어도 그들은 성과주의의 단면밖에는 보지 못했다. 연공서열제와 그것에 기반을 둔 조직은 경제 성장기에는 강했지만, 현재의 일본 사회는 이것을 유지할 만한 체력이 없다. 이 점만 보면 그들의 주장이 옳다. 그러나 설사 그들이 '성과주의라는 개념을 일본 사회에 강제로 보급한다'는 속셈이 없었다 해도 그 이론이라는 것이 너무 탁상공론이지 않은가?

나는 후지쯔에 근무했을 때나 지금이나 이 탁상공론에 대한 얘기를 끊임없이 듣고 있다. 탁상공론을 남발하는 사람들은 기본적으로 인간에 대한 통찰력이 결여됐다. 인간을 똑같은 규격을 가진 전자 부품쯤으로 생각하는 경향이 있다. 새로운 평가 시스템을 만들어 그 매뉴얼을 나눠주기만 하면 직원들이 그 시스템에 맞춰 완벽히 작동할 거라고 믿는다.

인간은 부품이 아니다. 이론이나 매뉴얼대로 움직이지 않는다. 누구나 알고 있는 사실을 그들만 모른다. 특히 연공제도를 통해 기업의 정점까지 올라간 지도층은 자신이 과거에 부품이었으므로 아무것도 모른다.

성과주의는 '평가 시스템'의 한 형태일 뿐이다. 평가 시스템은 목표관리형, 성과평가형, 완전 연봉형 등 그 형태는 무수히 많으나 제도 간의 우열을 논할 수 없다. 중요한 것은 어느 제도가 지금의 일본 사회와 혹은 자사와 맞는가이다. 그래서 연공형 평가제도도 기업이 성장하는 한에서는 아무런 문제가 되지 않았다. 거품 경제 시절에 사람을 지나치게 채용한 것과, 보통 기업에서는 더 이상 높은 성장률을 유지할 수 없게 된 것이 서둘러

개혁하게 된 원인이다. 1990년대 이후 연공서열적 인사제도가 여기저기서 재검토되긴 했으나 본질적으로는 '이익 — 인건비 — 의 세대 간 분배 비율의 재검토'에 지나지 않는다.

연공서열 조직에서 과다하게 생산된 관리직에 공정하고 유능한 평가자를 기대하는 건 어렵다. 게다가 그들은 새로운 가치관에 순응하지 못하는 열등한 '저항세력'이다. 그들이 성과주의를 이해한다는 것은 도저히 불가능하다. 그리고 이 점이 해결되지 않는 한 아무리 머리를 굴려 몇 번이고 제도를 만지작거려 봐도 소용없다.

이런 의미에서 볼 때 후지쯔는 귀중한 시행착오의 모델이다. 조직의 큰 틀을 무너뜨리지 않고 평가 시스템만 바꿔봐야 결국 아무것도 변하지 않는다는 것을 후지쯔는 보여주었다. 아니, 상황은 오히려 악화됐고 회사 업적까지 크게 기울어버렸다. 직원들의 불만, 질투, 원한, 이직률의 급상승, 그리고 매출 저조 등은 모두 '어중간한 성과주의'라는 하나의 선으로 연결돼 있다.

이 책을 쓴 두 번째 이유는 후지쯔 인사부의 무능함과 타락 때문이다.

본사 인사부의 젊은 직원과 성과주의에 대해서 차분하게 얘기를 나눈 적이 있다. 그는 신입 사원 교육을 담당하고 있었기 때문에 그에게서 생생한 인간에 대한 얘기를 기대했다. 그러나 그의 입에서 나온 것은 탁상공론뿐이었다. 게다가 그는 한 번도 현장에 나가지 않은 것을 부끄러워하지 않았다. 그는 인사제도를 비판하는 사람을 패자라 불렀고, 구조조정에 의해 해고당한 직원을 무능하다고 단죄했다. 그에 의하면 '후지쯔의 신인사제도는 일본이 자랑할 만한 우수한 고용제도이며, 문제가 발생한 이유는 직원들이 나쁘기 때문'이다. 아키쿠사 전 사장의 발언과 똑같다. 도대체 어디에 눈이 달려 있는지 신기할 정도다. 이런 직원이야말로 제일 먼저 구조조정 돼야 한다.

나는 이러한 인간들을 배양하고 있는 인사 조직의 체질에 위기감을 느낀다. 이런 의견은 이 직원만 가지고 있는 게 아니라 후지쯔의 인사 부문 전체의 공통된 의견이다. 인사부는 아마도 회사가 무너지는 순간까지 무엇 하나 바꾸려 하지 않을 것이다. 제도에 이의를 제기하는 사람이나, 단념하고 떠나는 사람들까지 무능하다고 치부하면서 결국은 회사 전체를 그렇게 만들 것이다. 후지쯔에 잠시나마 속해 있던 사람으로 정말 안타까운 일이다.

나는 후지쯔라는 거대 기업의 말단에 속해 있었을 뿐이지만 지금도 회사에 대한 애정이 남아 있다. 포기하고 회사를 떠났다 해도, 썩어 있는 일부가 전체를 썩게 하는 일이 있어서는 안 된다고 생각한다.

마지막으로 성과주의형 인사제도를 도입했음에도 '뭔가가 이상하다'고 느끼고 있는 기업, 그리고 인건비를 억제하기 위해 새로운 인사제도를 도입하려고 하는 기업 관계자들에게 나는 말하고 싶다. 이 책에서 말하고 있는 현상들이 일어나고 있지는 않은지 다시 한 번 곰곰이 생각해보라고.

후지쯔 관리직의 무능함도, 연공서열형 조직의 불합리한 모순도, 그리고 인사부의 부패도 결코 특수한 예가 아니다. 보통의 일본 기업에서 언제든 볼 수 있는 광경이다. 성과주의에 의한 실력 차이가 감점 경쟁이 돼서는 안 된다. 연공서열제도의 좋은 점은 살릴 필요가 있다.

제도가 다음 세대를 이끌어갈 젊은 사람들에게 절망이 되어서는 안 된다. 이 책이 기업에 맞는 인사제도를 확립하는 데 조금이라도 참고가 되었으면 한다.

| 부록 |
I. 일본 기업과 성과주의

완전 능력주의가 시작되었다!

2004년 4월, 마쓰시타 전기나 히타치 제작소, 닛산 자동차 등 많은 대기업에서 정기 승급을 폐지했다. 샐러리맨이라면 누구나 알고 있겠지만 정기 승급이란 연령이나 근속 연수에 따라 기본급 등이 자동적으로 올라가는 구조를 말한다. 예를 들면 히타치의 경우 임금이 매년 평균 약 2퍼센트씩 올랐다. 직원 입장에서 보면 정기 승급에 의해 미래 임금을 예측할 수 있었고, 그것이 인생 설계를 가능하게 했다.

실적이 나쁘면 임금 자체의 수준 향상을 의미하는 임금 인상이 '0'인 경우가 있다. 그러나 이제까지 성과주의라고 해도 정기 승급까지 폐지한 기업이 몇 안 되었기 때문에 많은 샐러리맨들은 '설마'라고 느꼈다. 그런 의미에서 2004년의 춘계 투쟁(일본 노동조합이 매년 봄에 임금 인상 등을 요구하며 벌이는 투쟁-옮긴이)은 많은 사람들에게 본격적인 성과주의 시대의 도래를 실감하게 했다. 성과주의가 진행되면 그 도착점은 완전한 능력주의다.

선진적인 성과주의로 유명한 닛코 코디얼 그룹의 예를 보자.

2000년 4월, 닛코 증권은 신입 사원을 포함한 모든 직원의 기본급을 30만 엔으로 통일했다. 원래 초봉이 17만 8,000엔이었기 때문에 신입 사원에게는 상당히 놀라운 일이다. 기본급이 그 후 28만 5,000엔으로 낮춰지긴 했지만 기본 연수입은 342만 엔, 여기에 연간 보너스가 지급 월수로 0.5개월에서 48개월까지 차이가 나기 때문에, 이론상 급여의 폭은 356만 엔에서 1,710만 엔가량 된다. 아무리 나이가 들어도 성적이 나쁘면 이만큼 연수 격차가 벌어지는 것이다.

이 회사에서는 2003년 4월부터 종합직(코스별 고용관리제도의 하나. 일상적인 업무 외의 기획 입안 등 종합적인 판단을 요구하는 직무. 관리직으로 이어지는 코스임-옮긴이)과 일반직(코스별 고용관리제도의 하나. 일상적 업무의 보조 직무. 전근과 같은 인사 이동이 없는 대신, 승진, 승급 등에 한계가 있다-옮긴이)이라는 인사의 틀을 폐지, 전 직원을 직책에 따라 세 부분으로 나누어 회사는 완전한 성과주의가 되었다.

이러한 개혁 덕분인지 2004년 3월 결산 '2004'에서는 오랜 세월 동안 업계 3위였던 닛코가 개인 거래 부문에서 다이와를 넘어 2위로 부상했다. 이것은 성과주의가 성공한 예라고 할 수 있다.

다른 예를 보자.

리쿠르트는 2004년 10월을 기준으로 직원의 현재 능력만을 평가 기준으로 삼는 신제도를 도입한다. 급여에서는 정기 승급을 폐지하고 반년마다 직무와 실적을 재평가하여 임금을 결정한다. 입사 동기라도 최대 여섯 배까지 급여 차이가 난다.

더욱 대담한 제도는 직무 자격을 폐지한 것이다. 회사에서는 이제까지 경력이 5년 이상 되지 않으면 관리직 자격을 획득할 수 없었다. 그러나 직무 자격을 폐지해 경력자나 신규 직원이라도 실력만 있으면 입사와 동시에 관리직으로 등용된다.

회사 이력을 인사 평가에 반영하지 않기 때문에 회사 밖에서 우수한 인재를 끌어오는 것이 쉬어진다. 이 회사는 현재 연 20명 정도의 경력자 채용을 향후 100명 정도까지 확대할 예정이다.

성과주의는 어떻게 전파됐는가

그러면 이러한 성과주의는 과연 어떤 식으로 일본에 보급됐을까? 여기서 일본 기업의 인사임금 제도의 흐름을 정리해두자.

연공 임금이란 한마디로 말해 근속 연수로 평가하는 시스템이다. 1년마다 업무에 숙달하고 능력이 향상된다는 것을 전제로 하여, 그와 비례해 급여도 올라간다. 그러나 이것으로는 공정한 판단을 내릴 수 없다는 이유 때문에 1970년대 이후 많은 기업에서 '직능자격제도'를 도입했다. 이것은 업무를 등급으로 분류하여 그 업무 수행 가능 여부에 따라, 말하자면 직능 보유 여부로 임금 수준을 결정한다. 이때의 평가 기준은 주어진 기준을 통과할 수 있는가 없는가였다. 물론 이 제도는 연공서열형 임금을 기반으로 하여 연령에 따라 조금씩 직무 능력에 차이를 두어 샐러리맨들의 의욕을 불태웠다.

1990년대에 들어 불황이 심각해지자 성과주의가 처음으로 등장했다. 잘 나가던 미국형 고용 시스템의 표면적인 모방에 불과했으나, 그 실상은 총 인건비를 억제하기 위함이다.

성과주의는 2000년 이후 대부분의 기업에 도입되기 시작했다. 2001년 11월에 〈아사히신문〉이 실시한 '전국 주요 100개사, 긴급 설문조사'에서는 관리직에 '완전한 성과주의 도입'이 과반수였고, 여기에 '기본은 성과형, 부분적으로 연공서열형 도입'을

업적 평가제도를 급여에 반영하는 기업 비율

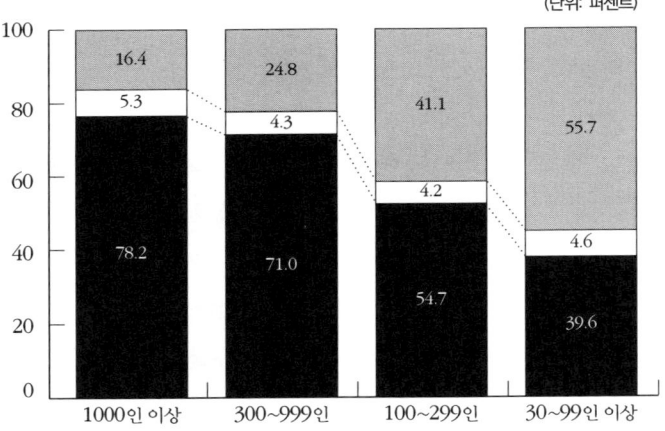

합하면 90퍼센트에 가깝다.

또 후생노동성의 '2001년 근로조건 종합조사'에서도 직원 수 1,000명 이상인 대기업의 78.2퍼센트가 성과주의를 채택했다. 이때의 조사에서 성과주의가 '잘 기능하고 있는' 기업은 10.6퍼센트에 지나지 않았다. 72.8퍼센트는 뭔가 문제가 있다고 대답했다.

성과주의 도입 후의 문제점

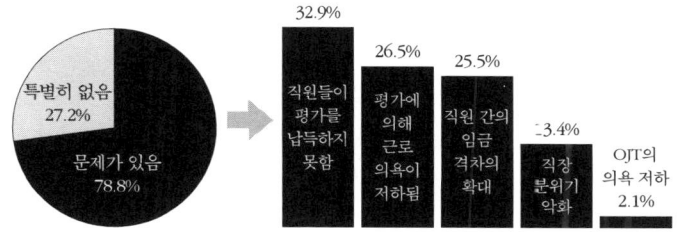

※OJT(on-the-job training: 직장 내 교육훈련)

성과주의 도입 후의 평가

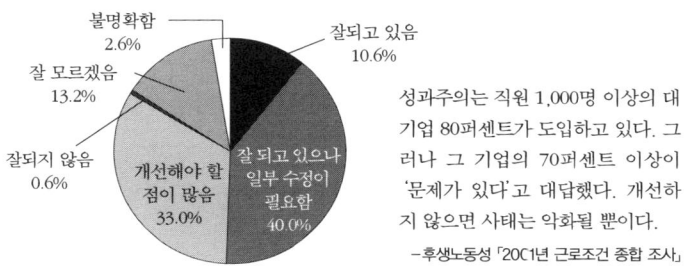

성과주의는 직원 1,000명 이상의 대기업 80퍼센트가 도입하고 있다. 그러나 그 기업의 70퍼센트 이상이 '문제가 있다'고 대답했다. 개선하지 않으면 사태는 악화될 뿐이다.

—후생노동성 「2001년 근로조건 종합 조사」

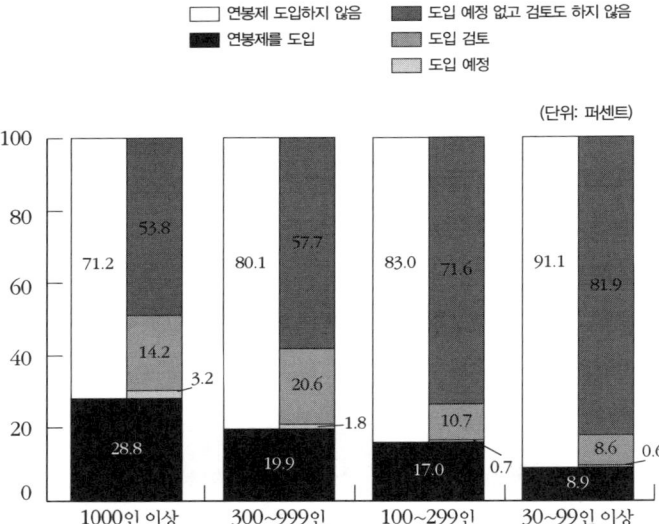

성과주의에 비해 연봉제를 도입한 기업은 아직 적다. 직원 1,000명 이상의 대기업에서도 30퍼센트가 되지 않는다. —후생노동성 「2002년 근로조건 종합 조사」

참고로 2002년은 성과주의에 대한 설문조사가 없었다. 성과주의 도입은 이미 기성사실이라고 보고 있는 모양이다. 대신 '연봉제'에 대한 조사가 있었다. 2003년의 조사 주제는 '노동 시간'이다. 이것은 성과주의 도입에 따른 과중한 노동이 문제가 되고 있음을 반영한다. 어쨌거나 많은 문제점을 안고 있으면서도 성과주의는 확실하게 자리를 잡아가고 있다.

임원의 보수

그러면 성과주의는 임원에게 어떻게 적용되고 있을까? 직원들의 급여는 차근차근 내려가고 있는데도 임원들은 아무 걱정 없는 상태라면 사내의 사기가 떨어지는 것이 당연하다. 그러나 고정 보수 비중이 높고 정보 공개는 불충분한 기업이 많은 것 같다.

예를 들어 도요타는 2004년 주주 총회에서 '중역 26명이 총 10억 1,300만 엔'이라는 보수 총액을 명시했지만 개인 공개는 거부했다. 한편, 앞에서 말한 닛코 코디얼 그룹은 임원 보수도 개별 공개하고 있다. 게다가 임원들의 퇴임 위로금 제도도 폐지하고, 대신 자사주를 1엔으로 살 수 있게 했다. 재임 중에는 권리를 행사할 수 없기 때문에 주가 하락 위험을 주주와 공유하는 구조다. 기업 통치의 흐름 속에서 경영의 투명성이 확실하게 요구되고 있다.

마지막으로 잡지 〈AERA〉의 2004년 2월 2일자 기사를 소개하겠다. 기사 제목은 '포스트 베이비 붐 세대에게 새로운 성과주의 일본형 모색에서 결과 절대주의까지'이다. 컴퓨터 소프트웨어 회사인 사이보우즈의 성과주의 실패를 소개하고 있는데, 사이보우즈에서는 '반년마다 여섯 단계 평가(S, A, B, C, D, E)로 2기 연속 최하위(E) 직원은 퇴사시킨다'라는 규칙이 있었다. 그런데 1년이 채 되지 않아 중단됐다. 상대평가로 진행된 인사 평가에서 E는 전체의 고작 2퍼센트. 2기 연속 E 평가를 받은 직원은 없었으나 해고라는 말만 내부에 돌아다녀 회사에는 불필요한 긴장감이 가득 찼다. 인터뷰에 응한 인사 담당자는 이렇게 말한다.

해고가 아니라 직원들의 분발이 목적이었기 때문에 제대로 기능하지 못한다는 판단이 섰을 때 중단했습니다. 직원들의 결과를 끌어내기 위해 공정성을 유지하며, 직원들이 납득할 수 있는 성과주의를 만들고 싶습니다. 세부적인 조정은 앞으로도 계속할 겁니다.

당연한 사실이지만 직원은 기계가 아니다. 중요한 것은 사람의 마음이다. 후지쯔도 그렇지만 사람의 마음을 무시한 제도에 미래는 없다. 이 점을 깨닫지 못하는 회사에도 미래가 없다.

| 부록 |
2. 최근 후지쯔 그룹의 주요 구조조정
(계획 중인 것 포함. 날짜는 신문 보도 시점)

· 2001. 7 조기퇴직 우대제도 '넥스트 커리어 프로그램' 도입을 발표. 대상자는 45세 이상의 직원 약 9,000명. 50세의 직원들에게는 월수입의 30개월분, 45세나 55세는 10개월분을 퇴직금에 추가.
· 2001. 8 대규모 구조조정(구조 개혁) 계획 발표.
(1) 인원 감축 — 2002년 3월 그룹 18만 명 중 1만 6,400명 감축. 국내 11만 명 중 5,000명, 해외 7만 명 중 1만 1,400명(태국, 필리핀의 하드디스크 공장 등에서 4,200명, 미국의 통신기기 자회사에서 약 1,100명 등).
퇴직자 2,500명, 청부 직원 등 2,500명 감축.
(2) 생산개발 거점의 통폐합
정보기기 분야 — 구조조정 비용 800억 엔. 누마즈 등 세 공장을 이시카와 현의 자회사에 집약, 데스크탑 컴퓨터용 하드디스크 제조에서 철수, 미국의 자회사 암달의 해체 등.

통신기기 분야―구조조정 비용 450억 엔. 오야마·마나스·누마즈의 공장 인원을 재배치.

반도체 분야―구조조정 비용 1,450억 엔. 아키루노 테크놀로지 센터의 개발 투자, 미국 그리샴 공장을 합병 상대인 AMD사에 매각, 국내 전前 공정 라인을 12개에서 9개로 집약, 후後 공정 회사 7개사를 5개사로 통합.

소프트 서비스 분야―구조조정 비용 300억 엔. 해외 자회사의 ICL/DMR 등을 재편.

· 2001. 9 미국에서의 구내 교환기 사업 철수 발표(후지쯔 비즈니스 커뮤니케이션즈의 매각).

· 2001. 10 후지쯔 제너럴, 국내 및 대만의 에어컨 생산 철수. 브라질의 전자 레지스터 사업도 철수.

· 2001. 10 후지쯔 퍼스널즈, 개인 스캐너와 잉크젯 프린터의 판매 철수.

· 2001. 10 추가 구조조정 계획 발표(4,600명 증가, 2만 1,000명 감축. 2002년 3월까지 완료).

· 2002. 1 반도체 부문의 공장 직원 4,000~5,000명의 노동 시간을 단축하여 임금을 줄이는 워크셰어링(노동 분담)의 도입 제안.

· 2002. 3 벡크형 슈퍼컴퓨터 개발에서 철수하여, 스칼라형으

로 전면 이행.
- 2002. 4 반도체 후 공정의 규슈 후지쯔 일렉트로닉스 양도를 발표하지만 전면 철회.
- 2002. 4 후지쯔 인포소프트 테크롤로지, 인터넷 전자 상거래 철수.
- 2002. 6 자회사인 요네코 후지쯔와 액정 사업을 통합.
- 2002. 6 프린터나 자기장치 등을 제조, 가공하는 후지쯔 신터 매각.
- 2002. 7 프린트판의 국내 생산 철수(베트남 이전). 아카시·가누마의 개발 부문을 나가노 공장에 통합.
- 2002. 7 미국의 반도체 공장 부지를 215억 엔에 매각.
- 2002. 8 파낙 주, 784억 엔으로 1,453만 주를 매각.
- 2002. 8 업무용 대형 프린터의 개발 부문을 후지 제록스에 양도.
- 2002. 10 미국에서 1,700명의 인원 감축(후지쯔 네트워크 커뮤니케이션즈 500명, 후지쯔 컨설팅 800명, 후지쯔 IT 홀딩스 400명), 오야마·마나스 공장에서 1,100명 감축.
- 2002. 11 영국 스프링벨 공장 매각과 중국에서의 공장 집약으로 해외 통신 기기 사업을 재편.
- 2002. 12 국내외에서 7,100명의 추가 인원 감측.
- 2003. 1 대만의 AU 옵트로닉스(AUO)와 액정 판넬로 자본 제휴.

- 2003. 2 후지쯔 디스플레이 테크놀로지즈, 데스크탑 모니터용 액정에서 일부 철수.
- 2003. 4 수도권에 분산돼 있는 본사 사무 부문을 시오도메 시티 센터로 통합.
- 2003. 4 AMD와 플래쉬 메모리의 사업 통합 발표.
- 2003. 5 간다 통신공업의 전 주식 매각.
- 2003. 5 파낙 주, 554억 엔으로 1,100만 주 매각.
- 2003. 9 후지쯔 리스 주식의 20퍼센트를 도쿄 리스에 양도.
- 2003. 10 후지쯔 제너럴, 에어컨용 고성능 인버터 모터의 국내 생산 철수.
- 2003. 11 파낙 주, 1485억 엔으로 2,400만 주 매각.
- 2003. 12 파낙 주, 136억 엔으로 220만 주 추가 매각.
- 2003. 12 스미토모 전공과 DVD 통신용 고기능 반도체로 사업 통합.
- 2004. 2 후지쯔 로지스틱스 전 주식을 엑셀 재팬에 매각한다고 발표.
- 2004. 2 스페인의 제조 자회사 후지쯔 매뉴팩처링의 스페인 주식 25퍼센트를 후지쯔 텐에 매각.
- 2004. 3 후지쯔 제너럴, 냉장고 사업에서 철수.